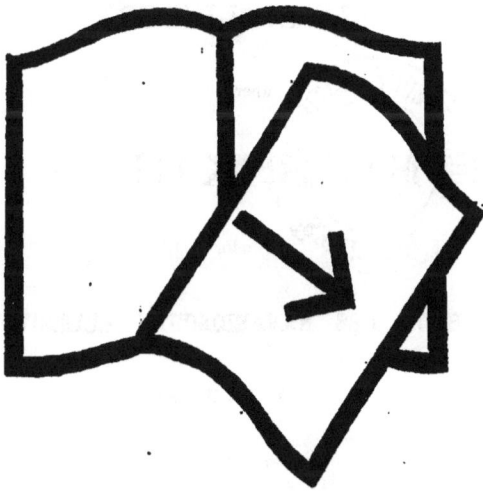

Couvertúres supérieure et inférieure
manquantes

ZWEI LIEDER

über den

BIEBSKRIEG

oder

DURCHZUG DES NAVARRISCHEN KRIEGSVOLKES

im Elsass

(1587).

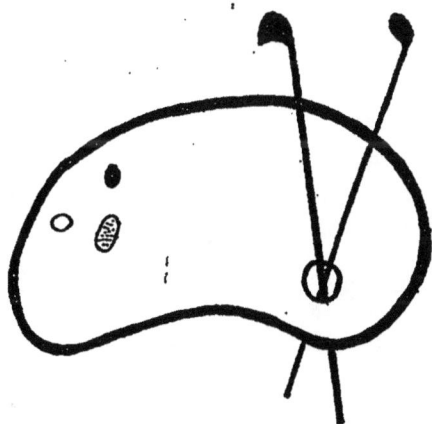

ZWEI LIEDER

über den

DIEBSKRIEG

oder

DURCHZUG DES NAVARRISCHEN KRIEGSVOLKES

im Elsass

(1587)

Mit historischer Einleitung und ungedruckten Beilagen

von

D⸢ RUDOLF REUSS

Stadtbibliothekar

und Professor der Geschichte am protestantischen Gymnasium

zu Strassburg.

STRASSBURG

VERLAG VON J. NOIRIEL

1874.

Strassburg, Druck von J. H. Ed. Heitz.

Seinem theuern Vater

D͛ EDUARD REUSS

Professor der Theologie in Strassburg

widmet diese Blætter

in herzlicher Verehrung

zu

seinem siebenzigsten Geburtstage

18. JULI 1874

Der Verfasser.

Lieber Vater!

Es werden in wenigen Wochen zehn Jahre sein,
dass ich deinen Namen auf das Widmungsblatt
meines ersten wissenschaftlichen Versuches nie-
derschrieb, um ihn gleichsam unter deinem Schutz
hinaus in die Welt zu senden. Herbe Schläge des
Schicksals haben seit jenen Tagen unsern glück-
lichen Familienkreis gelichtet, welterschütternde
Begebenheiten haben Alles um uns verändert, aber
in dem Gefühl der treuen Pflichterfüllung, in der
Hingabe an die Wissenschaft, die du mir frühe
eingepflanzt, habe ich noch stets den besten Trost
für so manches schwere Leid gefunden.

Darum drängt es heute den gereiften Mann derselben dankbaren Verehrung, die der Jüngling einst

beim Scheiden aus dem akademischen Leben dir
aussprach, einen erneuten Ausdruck zu verleihen.
Nimm mit diesen bescheidenen Blättern, als sicht-
barem Ausdruck meiner Gefühle, vorlieb. Es würde
mir ja doch schwer werden etwas zu gestalten das
des Gelehrten würdig wäre, dessen Name auf dem
Gebiet der theologischen Wissenschaften in zwei
grossen Ländern mit gleicher Achtung genannt
wird und der Sohn wird es nie auch nur versuchen
die grosse Schuld, in der er dem Vater gegenüber
steht, ihm abzuzahlen. Nur möge es ihm vergönnt
sein, noch recht lange Jahre dein dankbarer
Schuldner zu bleiben!

Rud. Reuss.

Strassburg, den 18. Juli 1874.

VORWORT.

———

Die vorliegenden Blätter sind zunächst aus dem
Wunsche des Verfassers entstanden, bei einem
frohen Familientage nicht mit ganz leeren Händen
als Glückwünschender zu erscheinen. Sollten sie
auch für den weitern Kreis der Kenner und Lieb-
haber unserer elsässischen Geschichte einiges Interesse besitzen, so kann mich dieses nur freuen,
obgleich ich mir der verhältnissmässigen Gering-
fügigkeit des behandelten Gegenstandes vollkom-
men bewusst bin.

Die erste Anregung zu dieser Arbeit gab die
Auffindung der beiden hier abgedruckten Lieder in
einem Sammelband historischer Dokumente aus
dem sechszehnten Jahrhundert, der dem Archiv
des Thomas-Stiftes zu Strassburg angehört. Ganz

unbekannt waren sie nicht, denn abgesehen davon
dass sie zur Zeit ihrer Abfassung höchst wahrscheinlich als fliegende Blätter gedruckt wurden,
wie es die Angaben unserer Handschrift zu bezeu-
gen scheinen, so hat auch schon früher A. W.
Strobel, in seiner *Geschichte des Elsasses*, zwei
Strophen aus dem einen Gedichte, nach einem
Wencker'schen Manuscript der Seminarbibliothek
oder auch der Stadtbibliothek[1] veröffentlicht.
Diese zweite Abschrift ist jedoch zu Grunde gegangen und das jammervolle Schicksal unserer
herrlichen Sammlungen hat es mir nahe gelegt, alle
diejenigen Dokumente, welche für die Geschichte
unserer Provinz ein Interesse beanspruchen können, bei sich darbietender Gelegenheit, und so
weit es eben einem Einzelnen möglich ist, einem
bloss handschriftlichen Dasein zu entreissen. Desswegen habe ich auch nicht von dem vollständigen
Abschreiben dieser, für das Erkennen der Zeit-
stimmungen in den katholischen Gegenden unseres
Landes so merkwürdigen Gedichte, Abstand genommen.

---

[1] Strobel sagt bloss • Wencker'sches Mss •. Das Meiste der
Wencker'schen Handschriften gehörte der Seminarbibliothek oder
früheren Universitätsbibliothek, der es die Familie vermacht hatte.
Einiges andere aber war später, aus andern Quellen, an die
Stadtbibliothek gekommen.

Später suchte ich alle Thatsachen, die auf diesen
Durchzug der Navarrischen Soldknechte, und den
« Diebskrieg », wie ihn eines unserer Lieder nennt,
sich bezogen, zu sammeln, eine Arbeit bei der ich
jedoch nur sehr mittelmässige Erfolge erzielte, wie
von vorn herein nicht anders zu erwarten war. Die
zahlreichen handschriftlichen Chroniken jener Zeit
sind bis auf wenige, gerade für diesen Punkt unbedeutende, in der Nacht vom 24. August 1870 ein
Raub der Flammen geworden. Die wenigen, in
Abschriften, sowohl auf der Stadtbibliothek als der
Landes- und Universitätsbibliothek zu Strassburg
noch vorhandenen Berichte dieser Art sind benutzt
worden und wird man die betreffenden Auszüge in
den Beilagen finden.

Im Strassburger Stadtarchiv konnte auch nur
Weniges zu finden sein, da die fremden Truppen
so nahe herum lagen, dass längere Berichte von
ausser nicht absolut nothwendig waren, und wenn
sie auch aus den städtischen Aemtern einkamen,
so sind sie jedenfalls nicht mehr vorhanden. Frei-
lich hätten die Protokolle des Rathes der XIII,
welcher die äusseren und Kriegsangelegenheiten
der Stadt zu leiten hatte, reichlichen Aufschluss
über die damalige Sachlage bieten können. Leider
sind aber dieselben, sei es in Folge der Stadthaus-
erstürmung von 1789, oder schon seit dem Brande

der Kanzlei im Jahr 1686, vielleicht gar aus noch
früherer Zeit, für die betreffenden Jahre verloren,
und beginnen erst mit dem Jahr 1599. Die noch
vorhandenen Protokolle der XV vermögen diesen
Verlust nur im allergeringsten Maasse zu ersetzen,
da die Verrichtungen dieses Collegiums mit den
eigentlich politischen Begebenheiten ja nur in ge-
ringem Zusammenhang stunden. Auch die Protokolle der XXI, obgleich für meinen Zweck ergie-
biger, können diese Lücke nicht in genügender
Weise ausfüllen. Von anderen grösseren Stadt-
archiven des unteren Elsasses war keine bedeutendere Ausbeute zu erwarten, wie ich aus den
Specialwerken von Culmann, Gyss und Dag.
Fischer entnehmen konnte, da dieselben in ihren
gewissenhaften Monographien über Bischweiler,
Oberehnheim und Zabern gewiss alles Interessante
aufgenommen haben, was sie in den Archivalien
jener Städte über diese Zeit gefunden. Weiter nach
Süden, bis in das obere Elsass, sind die deutschen
Kriegsknechte gar nicht gedrungen, und die
schweizerischen Hülfstruppen sind nur sehr rasch
hindurchgezogen, so dass auch von dort keine bedeutende Bereicherung unserer Kenntnisse zu erlangen war. Dennoch darf ich nicht versäumen eine
angenehme Pflicht zu erfüllen, indem ich meinen
verehrten Freunden, Herrn Stadtarchivar Brucker

zu Strassburg und Herrn Stadtarchivar Mossmann zu Colmar für ihre so oft schon erprobte, und hier auf's Neue bewährte, thätige Beihülfe meinen besten Dank sage.

Von den gedruckten Quellen habe ich, wenigstens so weit es elsässische waren, keine — glaub' ich — vergessen, von den auswärtigen wohl nur wenige unwissentlich nicht benutzt. Von grösserer Bedeutung sind dabei doch nur Bernhard Herzog, der am ausführlichsten über jenen Durchzug berichtet, und Strobel, der für uns, an dieser Stelle, der Vertreter der *Collectaneen* Daniel Specklin's ist. Friese hat einige kurze Notizen, die er wohl den Silbermännischen Papieren verdankt; Culmann, Dag. Fischer und Gyss, notiren, wie schon oben bemerkt, Einiges aus den Lokalarchiven der Städte deren Geschichte sie schreiben. Eine ziemliche Reihe genealogischer und persönlicher Daten habe ich auch dem Werke der Gebrüder Haag, *La France protestante*, entlehnt. Dieses Buch, eine der gründlichsten und nützlichsten Arbeiten unserer Zeit, welches in diesem Augenblick auf die sorgfältigste Weise von dem gelehrten Pariser Bibliothekar und Archivar Herrn Henri Bordier umgearbeitet und vermehrt wird, sollte, schon allein wegen seiner Fülle an Notizen über alle bekanntern protestantischen Elsässer der drei letzten

Jahrhunderte, in keiner Gelehrtenbibliothek des
Elsasses fehlen. Was sonst noch aus älterer und
neuerer Zeit vorhanden ist, Oseas Schad, in seiner *Continuation Sleidani*, Laguille, Kleinlawel,
u. s. w., beschränkt sich auf die allerkürzesten
und trockensten Angaben. Von den gleichzeitigen
Ausländern ist am wichtigsten Duplessis-Mornay,
auf dessen Papiere wir häufig verwiesen haben.
Einen längeren Bericht hat auch de Thou, dem
später Mezeray und der P. Daniel Einiges entlehnt haben, während Davila und Andere den
Anfang des Feldzuges von 1587, so weit er das
Elsass betrifft, gar nicht erwähnen. Die Commen-
tare des Vossius über das Leben Fabian's von
Dohna sind ebenso reich an classischen Citaten als
sie arm sind an Thatsachen, und kommen hier gar
nicht in Betracht. Auch die neueren französischen
und deutschen Historiker, Lacretelle, de Chalem-
bert, Sismondi, Henri Martin, Michelet, Ranke,
Häusser, u. s. w., bringen nichts Neues über den
Gegenstand bei.

Trotz den mannigfachen Lücken welche diese
Schrift demnach aufweisen muss, wird man hier
noch die ausführlichste Beschreibung jener für das
untere Elsass so bangen Leidensmonate des Jahres
1587 finden, die bis jetzt versucht worden ist. Möge
diess Allen ein genügender Grund sein die Mängel

meiner Arbeit nachsichtig zu beurtheilen und ihr
besonders von Seiten meiner verehrten und ·alt-
bewährten Mitarbeiter auf dem Gebiete der elsässischen Geschichte einen freundlichen Empfang
sichern !

Der

DIEBSKRIEG

oder

Der Durchzug des Navarrischen Kriegsvolkes im Elsass

1587.

———

Seit Herzog Franz von Anjou, am 10. Juni 1584, zu Chateau-Thierry einem langwierigen Lungenleiden erlegen, waren die religiösen und politischen Gegensätze welche Frankreich seit bald einem Vierteljahrhundert, in längeren und kürzeren Pausen, in blutige Bürgerkriege verwickelten, mit erneuerter Schärfe zum Ausdruck gelangt. Das Hinscheiden des letzten Prinzen aus dem Geschlechte Valois, und die Gewissheit dass Heinrich III keine Nachkommen hinterlassen würde, liessen es den Anhängern der Heiligen Liga als dringlich erscheinen, durch einen energischen Schlag die Macht der Hugenotten zu vernichten, und so deren Haupte,

2

dem König Heinrich von Navarra, jede Aussicht auf
einen Thron zu nehmen, der ihm gesetzlich zufallen
sollte. Ihr Streben musste darauf gerichtet sein,
ihn gründlich zu besiegen, ihn, wo möglich, aus
dem Wege zu räumen, und so Heinrich III zu
zwingen nach einer andern Seite hin, in Heinrich
von Guise den Nachfolger zu suchen, den die Liga
längst schon zu diesem Zwecke bereit hielt.

Heinrich III, dem es bei allen Lastern die ihn
befleckten nicht an politischer Gewandtheit fehlte,
suchte mit aller Energie, deren er noch fähig war,
sich aus dieser gefahrvollen Lage heraus zu arbeiten. Gar zu gerne hätte er aufgehört den verhassten
Liguisten seinen Schutz gegen die Hugenotten zu
verdanken; ebenso wenig aber wollte er genöthigt
sein dem verhassten Schwager in die Arme sich zu
werfen, um gegen die immer mehr steigenden An-
sprüche der Liga Front machen zu können. Daher
sein Bestreben in den Jahren 1585-1587 inmittelst
der religiösen Parteien sich eine dominirende Mittel-
stellung zu erobern, die ihm erlauben sollte nach
allen Seiten hin mit entscheidendem Gewichte auf-
zutreten und sich dabei doch, nach einem heut zu
Tag beliebten Ausdruck, die Politik der freien Hand
zu wahren.

Dieser Versuch ward, wie bekannt, insofern mit
Erfolg gekrönt, als es ihm gelungen war im Sommer

1587 ein stattliches Heer unter seinen Fahnen zu
versammeln, welches den König von Navarra im
mittäglichen Frankreich, unter des Herzogs von
Joyeuse Führung, vernichten sollte, während mit
einem weniger zahlreichen, meist aus Liguisten be-
stehenden Heere, Heinrich von Guise beauftragt
wurde, die von dem Bearner zu Hülfe gerufenen
schweizerischen und deutschen Hülfsvölker vom
Eindringen in das Land zurückzuhalten. Wenn es
Joyeuse gelang, Heinrich von Navarra auf's Haupt
zu schlagen, Guise aber von den fremden Reitern
und Landsknechten in die Pfanne gehauen wurde,
so blieb Heinrich III, plötzlich allein gebietend, mit
seinem siegreichen Heere auf dem Schauplatz der
Ereignisse zurück und der Sieg war in doppeltem
Sinne der seinige. Aber ebenfalls bekannt ist auch
wie das Schicksal die wohlausgedachten Pläne der
greisen Catharina von Medici und ihres Lieblings-
sohnes auf's Unerbittlichste durchkreuzte. Die
Schilderung der Schlachten bei Coutras und Auneau liegt jedoch ausserhalb der Grenzen dieser
Skizze und wir haben uns, ehe wir zu unserm spe-
ziellen Gegenstand übergingen, diese kurze allge-
meine Betrachtung in der Einleitung zu dieser
Arbeit bloss erlaubt, um das Verständniss des
Folgenden zu erleichtern.

Seit langen Jahren bereits verbanden die religiöse

Uebereinstimmung, das politische Interesse und
nicht unbedeutende materielle Vortheile ganz besonders die Fürsten der kurpfälzischen Familie, in
ihren verschiedenen Zweigen, auf's Engste mit den
französischen Reformirten. Je mehr in Deutschland
selbst eine engherzige Orthodoxie überhand nahm.
und das bornirte Lutherthum die zeitliche und geist-
liche Wohlfahrt des Protestantismus unter klein-
lichen und geistlosen Zänkereien zu vergessen
schien, desto mehr auch war die pfälzische Politik
angewiesen, bei den gleichgesinnten Reformirten
Frankreichs die Freunde und Verbündeten zu er-
werben, welche die ablehnende Haltung Chursach-
sens und anderer lutherischer Fürsten dem Heidelberger Hofe versagte. An Kurpfalz hatte sich
daher auch Heinrich von Navarra, bei erneutem
Beginne des Kampfes, gewendet um die Bildung
eines Hülfsheeres von geworbenen Kriegsknechten
zu begehren, wie deren so manche bereits nach dem
Innern Frankreichs, den Hugenottenbrüdern zu
Hülfe, und auch ein wenig der Beute wegen, gezogen waren. Die Regierung der Pfalz war damals in
den Händen des bekannten Pfalzgrafen Johann Casimir's, der die Vormundschaft über seinen jungen
Neffen Friedrich führte, ein energischer Kämpe des
neuen Glaubens, der, am französischen Hofe erzogen, mit Frankreich in lebhaftem Verkehr geblie-

ben und selbst früher nach Frankreich an der Spitze
eines ähnlichen Soldheeres gezogen war.

Gegen Ende des Jahres 1586 trafen die Gesandten des Hauptes der französischen Hugenotten am
Heidelberger Hofe ein. Es waren der Baron Claude-
Antoine de Vienne, Herr von Clervant und Mon-
treuil-sur-Saône, Grosskämmerer und Staatsrath
des Königs von Navarra[1], Jacques de Ségur, Graf
von Pardaillan und der Graf Jean de Chaumont-
Guitry. Es dauerte jedoch ziemlich lange bis man
über die Hauptpunkte des zu schliessenden Vertrags
einig werden konnte, der dann endlich auf dem
Schlosse zu Friedelsheim unterzeichnet wurde[2].

Derselbe stipulirte dass Herzog Johann Casimir
eine «schöne, starke und grosse Armee von wohl-
bewaffneten und berittenen Speerreitern, sowie

[1] Ueber diesen hohen Herrn von Adel, der erste der sich in
Metz zum Protestantismus bekehrte, von 1559 bis 1566 als
Flüchtling in Strassburg und Genf lebte, dann einer der ver-
trautesten Rathgeber des Bearners wurden, siehe Haag, *France
protestante*, IX. S. 545. Er starb aus Gram über das Misslingen
des gleich zu erzählenden Zuges, an dem er einen Hauptantheil
nahm, auf einem Schloss in der Bresse, im Januar 1588.

[2] Das Schloss Friedelsheim stand bei dem gleichnamigen Dorfe,
etwa drei Stunden von Neustadt an der Hardt. Die Aktenstücke
dieser Verhandlungen (ob mehr als das in Mornay's Papieren
Mitgetheilte?) sollen sich auf der Bibliothèque Nationale zu Paris
(Manuscrits Colbert, 401, 402) befinden. Siehe Haag, *France protestante*, IX, 247.

deutschem, schweizerischem und anderm Fussvolk
mit Artillerie, Pionnieren, Kraut und Loth», entweder selbst nach Frankreich führen würde oder
würde führen lassen.

Einen Monat vor der Musterung dieses Heeres
verspricht der König dem Herzog 4000 gute französische Hackenschützen und vier Regimenter unter
dem Commando des Herrn von Chatillon, dem Sohne
Coligny's, nebst drei Cornetten von je hundert
Speerreitern unter Herrn de Lesdiguières und Herrn
de Mouy zu schicken. Sollte Chatillon nicht abkom-
men können, so wird Mouy als Colonel-général die
Leitung des französischen Heerhaufens übernehmen,
um den deutschen Söldnern das Geleit zu geben[1].

Noch in demselben Monat Januar werden vom
König dem Herzog 19,250 französische Sonnen-
thaler und 150,000 Gulden in deutscher Währung
ausbezahlt, um die Truppenwerbungen zu beginnen.
Die oberste Kriegsführung bleibt dem König vorbe-
halten und in seiner Abwesenheit dem Prinzen von
Condé oder einem andern Prinzen von Geblüt.
Sollte aber deren Keiner gegenwärtig sein, so wird
das Heer vom Herzog oder seinem Stellvertreter
befehligt werden. Alle Chargen sollen doppelt be-

---

[1] Diese Vermuthung sollte sich in der That, wie wir später
sehen werden, bestätigen.

setzt werden, von einem Franzosen und von einem
Deutschen, die sich gegenseitig unterstützen und
bewachen sollen. Es wird also zwei Generalquar-
tiermeister, zwei Schatzmeister u. s. w. geben.

Einer der merkwürdigsten Artikel des Vertrags
ist derjenige durch welchen sich der König ver-
pflichtet, seinen eigenen Begleittruppen zu verbieten Beute zu machen, damit die deutschen Söldner
für ihre Strapatzen auch den berechtigten Ersatz
und Vortheil finden mögen[1].

Dieser Vertrag wurde den 11. Januar 1587 zu
Friedelsheim unterzeichnet, und zugleich bestimmt
dass die Ratificationen binnen Monatsfrist ausge-
wechselt werden sollten. Dieses letztere wurde jedoch nicht bewerkstelligt, sei es dass Heinrich von
Navarra in Entrichtung des versprochenen Geldes
säumig war oder dass Johann Casimir aus irgend
einer Ursache zögerte den Vertrag in Kraft zu
setzen. Wie dem auch sein möge, erst den 4. Juli
1587 wurde den Franzosen die vom kaiserlichen
Notar Heinrich Cörber zu Heidelberg collationirte
Urkunde übergeben[2].

---

[1] Accord et capitulation faicte entre le roy de Navarre et le
duc de Cazimir pour la levée de l'armée der Reystres veneus en
France en l'an 1587. Bei Mornay, Mémoires, T. IV, p. 56.

[2] Par Henry Corbère, notaire impérial à Herdelbeaune. Mornay, loc. cit.

Es war festgesetzt worden dass die geworbenen
Reiter und Fussknechte in möglichster Nähe der
pfälzischen sowie. der französischen Grenzen sich
versammeln sollten, und es konnte daher von vorn
herein nicht zweifelhaft sein, dass unser Elsass,
das untere zumal, das zweifelhafte Glück geniessen
sollte, diese Vertheidiger der protestantischen Sache
in Frankreich auf seinem Boden zusammen kommen
zu sehen. Dass bei den meisten nicht weiter um die
Erlaubniss der betreffenden Stände nachgesucht
wurde, durfte bei den damaligen Zeit- und Kriegs-
läuften nicht so sehr befremden, aber natürlich
war es dass die besonders Gefährdeten Alles an-
wandten, um Schutz gegen die drohende Gefahr zu
erlangen. Es wurde zuerst ein strenges Edikt des
Kaiser's Rudolf II erlangt, gegen alle die welche
den öffentlichen Frieden durch Theilnahme an dem
beabsichtigten Zug stören, sowie gegen die Fürsten
die ihren Unterthanen selbiges erlauben würden.
Jedoch die Schwäche des jämmerlichen Monarchen
der damals die Kaiserkrone trug war allzubekannt
als dass seine Drohungen grossen Erfolg hätten
haben können. Möglich ist es allerdings dass sich
Johann Casimir durch dieses Edikt von der anfangs
beabsichtigten persönlichen Theilnahme an dem
Unternehmen abhalten liess.

Natürlich waren es besonders die katholischen

Landstände des Elsasses welche mit einer gewissen
Aengstlichkeit die vom Rhein her drohende Invasion
erwarteten, vor allen der Bischof von Strassburg,
Graf Johann von Manderscheidt, der sich eines
manchen Uebergriffs gegen seine protestantischen
Nachbarn, insbesondere Strassburg, bewusst war
und nun fürchten mochte, seinerseits in unliebsame
Verwicklungen zu gerathen. Unterm 12. Mai nov.
styl. erliess er in seiner Eigenschaft als « Landtgrave zu Elsass » ein dringendes Rundschreiben an
alle unterelsässischen Stände, um sie zu einer Con-
ferenz nach Schlettstadt zu laden, wegen « vorkhomenen zeitungen der gefehrlichen und geschwinde
hin- und wider schwebenden Kriegspraticken » und
um in Betreff einer « landtversicherungsordnung zu
handeln und tractieren » [1]. Mit welchem Eifer diese
auf den 25. Mai styl. nov. anberaumte Tagsatzung
von den andern Ständen besucht wurde, vermögen
wir hier mit Mehrerem nicht anzugeben. Nur die
Haltung Strassburgs ist uns zuverlässig bekannt.
Sei es dass die Stadt, als eine gut protestantische
Republik, für sich nichts befürchtete, oder dass sie
die Gelegenheit benutzen wollte, dem Bischof frü-
here Unbill zurückzuzahlen, so nahm sie eine ganz
ablehnende Haltung an. Der Magistrat instruirte

[1] Siehe Beilage I.

seine Abgesandten, den Alt-Stettmeister Herrn Johann Philipp von Kettenheim, den Alt-Ammeister Herrn Wolfgang Schütterlin und den Stadtsyndikus Dr. Paul Hochfelder, erstens gegen gewisse formalia der Zusammenberufung zu protestiren und darauf sich rein passiv zu verhalten und was vorkäme, bloss *ad referendum* zu nehmen[1].

Eine weit grössere Bereitwilligkeit werden übrigens auch die andern Stände nicht an den Tag gelegt haben, erstens weil wir damals bei jeder Gelegenheit sehen können dass die Kleinen Mühe und Ausgaben den Mächtigeren zuschieben, zweitens weil sonst wohl nicht am 15. Juni und am 12. Juli, wie wir später sehen werden, ähnliche Berathungen hätten erneuert werden müssen.

Es blieb den Furchtsamen übrigens Zeit genug um alle ihre Vorbereitungen zu treffen. Die geworbenen Schaaren zögerten auffallend lange im Elsass zu erscheinen und ihre Musterplätze zu beziehen. Zuerst wohl war es die Unschlüssigkeit Johann Casimir's selbst, ob er in Person an dem Unternehmen sich betheiligen sollte oder nicht, was die Werbungen in die Länge zog. Hernach weigerten sich die deutschen Reiter in's Elsass hinabzuziehen, so lange Chatillon mit den durch

[1] Siehe Beilage II.

den Friedelsheimer Tractat versprochenen 4000
Mann nicht erschienen wäre, um sie bei ihrem
Anritt zu schützen. Nur ganz vereinzelt scheinen
Werber im Elsass selbst herumgezogen zu sein um
Mannschaft zu werben; einzelne Fälle kamen je-
doch in der unmittelbaren Nähe Strassburgs vor[1].

Diese auf den ersten Blick so befremdende That-
sache einer angreifenden Armee, welche Schutz-
truppen verlangt, lässt sich leicht erklären, wenn
man bedenkt dass die Reiter gewöhnlich in kleineren Schaaren, theilweise noch unbewaffnet, auf
ihre Musterplätze zogen, und dass Guise mit
einem Theil seiner Truppen in der Champagne
stand, der Herzog von Lothringen aber mit seinen
Truppen die elsässer Grenze, gegen die Vogesen zu,
besetzt hatte, wie wir gleich sehen werden. In den
letzten Jahren hatten die Feinde mehr als einen
Ausfall über die Berge gegen solche frisch gewor-
bene, noch nicht formirte Truppen gemacht, und so
lässt sich das Zögern der Reiter wohl erklären.

Da Heinrich von Navarra aber nicht länger mehr
mit dem Entscheidungskampf warten wollte, und
Chatillon noch immer nicht marschfertig war, so

---

[1] Der « Ammeister zeigt an dass ihm vom Wirth zu S. Arbo-
gast bericht werde dass einer draussen liege der Knecht annehme
für den König von Navarra. » Protokolle der XXI, Sitzung vom
14. Juni. Stadtarchiv.

wandte sich der König an den engbefreundeten Herzog Wilhelm Robert von Bouillon, um ihn zu bewegen Chatillon's Rolle im Elsass zu übernehmen[1].
Bouillon war gerade in einer bedrängten Lage, denn
seinem kleinem Herzogthum wurde von Guise und
den Lothringern damals hart zugesetzt, und seine
beiden Festungen, Sedan und Jametz, blokirt oder
belagert. Dennoch zögerte er nicht, den Wunsch
seines Verbündeten zu erfüllen, da er von ihm er-
mächtigt wurde das deutsche Hülfsheer zur Be-
freiung seines Landes zu benutzen und ihm der
Oberbefehl darüber versprochen wurde, eine Ver-
heissung die nicht wenig dazu beitrug Verwicke-
lungen hervorzurufen und die ganze Unternehmung
scheitern zu lassen. Er versammelte so viel Volk
als er im Augenblick zusammenbringen konnte und
setzte sich gegen Mitte Juni nach dem Elsass in
Bewegung[2].

[1] Guillaume Robert de Lamarck, Herzog von Bouillon, geboren
zu Sedan den 1. Januar 1562, starb in Folge der erlittenen
Strapatzen am Ende des Rückzuges aus diesem verunglückten
Unternehmen, zu Genf, am 1. Januar 1588. Angeblich wäre er
bereits im Elsass von seinen Feinden vergiftet worden. Siehe
Haag, VI, S. 234. Bernhard Herzog nennt Bouillon irrthümlich
Frantz. *Chronick*, S. 226.

[2] Wenn schon vorher in den Protokollen der XXI von den
‹vielen Welschen› die Rede ist, die in Strassburg ein- und aus-
ziehen, so müssen wir eines Theils an versprengte Réfugiés aus
der Schweiz, Mümpelgart u. s. w., denken, die auf die verfrühte

Die Nachricht seines Anrückens traf daselbst
ein, als gerade auch die ersten deutschen Truppenmassen angemeldet wurden. Am 20. Juni erhielt
der Rath von Strassburg, von Mainz aus, die Kunde
dass einige tausend Reiter den Durchzug mit Drohungen erzwungen, den Rhein überschritten hätten
und gegen Weissenburg zögen[1].

Da ergriff ein panischer Schrecken die gnädigen
Herren sowohl als die Landbewohner; Hagenau,
Schlettstadt, Oberehnheim, Colmar, traten in em-
sigen Briefwechsel, verwahrten ihre Thore, er-
nannten Hauptleute und bemannten ihre Wälle;
Johann von Manderscheidt schaffte in Eile 500
Schützen nach seiner Residenzstadt Zabern, und
sich selbst dort nicht sicher fühlend, verschloss
er sich hinter die beinahe unbezwinglichen Mauern
seiner Bergveste Hohbarr[2].

Kunde von Chatillon's Herbeikommen hieher kamen, oder auch
an die vornehmere Categorie der adeligen Exulanten, die damals
in Strassburg ziemlich zahlreich waren und natürlich in grosser
Aufregung sich befanden. Protokolle der XXI, 13. Juni.

[1] Strobel, IV, S. 181. Nach den Collectaneen Specklin's, II.
fol. 462. Wo ich in der Folge Strobel's Geschichtswerk citire,
thue ich es in der Voraussetzung dass er an der betreffenden
Stelle Specklin's Erzählung vertritt, sei's dass er sie direkt aus
den zwei ungeheuren, fast unleserlichen Folianten des wackern
Baumeisters, sei's aus den nun auch verbrannten Silbermännischen Excerpten geschöpft hat.

[2] Am 30. Juni zogen dann noch weitere 200 lothringische
Speerreiter in Zabern ein. Strobel, IV, S. 182. Gyss, *Histoire
d'Obernai*, I, S.

In Lothringen, wo von Bouillon noch nähere Gefahr drohte, war die Angst nicht geringer. Dem
Herzog Carl schlug das Gewissen, er hatte am
22. März ein scharfes Edikt gegen die Protestanten
erlassen, sie sämmtlich aus seinen Landen verjagt,
und die zurückkehrenden Verbannten mit lebens-
länglicher Gefängnissstrafe und Confiscirung ihrer
Habe bedroht. Er suchte nun möglichst viel Soldtruppen aufzutreiben, hob unterdessen das Land-
volk aus, sperrte die Zaberner Steige und besetzte
zu dessen sicherem Besitz Pfalzburg, das er von
Pfalzgraf Georg Johann von Zweibrücken pfand-
weise inne hatte; dabei rief er Heinrich von Guise
flehentlich um rasche Hülfe an[1].

Diese Zurüstungen hinderten indess den Herzog
von Bouillon nicht an seinem Vormarsch gegen die
Rheinebene. Am 23. Juni zog er mit 800 Reitern
und 1500 Schützen von Nordwesten herunter in
das Elsass[2]; ein Theil seiner Mannschaft verjagte

---

[1] Strassburgische Chronik von Städel. Siehe Beilage VI. — Siehe
auch B. Hertzog, S. 227. — « Ammeister zeigt an dass Lienhardt
Seytz die Nachricht bringe dass man gestern zu Pfaltzburg uff 800
schützen gewertig gewesen, denen zum besten soll der bischoff 800
viertel frucht bewilligt haben. » Protokolle der XXI, 19. Junii.

[2] Dag. Fischer, in seiner *Geschichte Zaberns*, gibt 2000 Fussknechte und 400 Reiter an; es wird noch oft der Fall sein, auf
Zahlendifferenzen unserer verschiedenen Berichte aufmerksam zu
machen; ich werde mich natürlich stets den ältesten oder best-

mit leichter Mühe die 500 Mann, die Carl von Lothringen nach Pfalzburg geworfen hatte und zog über
die Steige herab; andere benutzten den Pass bei
Lützelstein, oder erschienen zuerst bei Neuweiler
und Sanct-Johann, kamen also wohl das Craufthal
und das Dossenheimerthal herunter[1]. Am 24. Juni
lagerten sie sich in den benannten Orten, stiessen
dann weiter in die Ebene vor, verbreiteten sich
über die Dörfer, die dem Bisthum gehörten und
behandelten sie als Feindesland; das Stift Neuweiler allein musste ihnen 3000 Brote, 40 Viertel
Hafer und zwei Fuder Wein geben. In Steinburg
bemächtigten sie sich eines grossen Vorraths an
Getreide, der den Erben des verstorbenen Edeln
Wilhelm von Wilsperg gehörte und verübten sonst
mancherlei Muthwillen, um einen Ausdruck unserer alten Chroniken zu gebrauchen[2].

beglaubigten anzuschliessen suchen, verhehle mir aber keineswegs,
dass wo genaue Etats und Musterungsrollen fehlen, Irrthümer
sehr leicht vorkommen können.

[1] Bericht des navarrischen Gesandten Ségur an Meine Herren.
Protokolle der XXI, 26. Juni.

[2] Protokolle der XXI, 27. Juni. ‹Damals hatten die Edeln
von Wildsperg über tausend Fürtel Früchte in Steinburg, die
mochten sie nicht theilen, und den Armen wollten sie dieselben
auch nicht verkaufen, obgleich das Fürtel 6 bis 7 Fl. galt. Da
kamen die Soldaten und theilten diese Früchte, ohne Zank.›
Excerpirt aus Specklin durch A. Silbermann. Friese, *Historische
Merkwürdigkeiten des Elsasses*, S. 175.

Der Strassburger Rath hatte einen seiner Söldner-
hauptleute, Jost Geyl, den Ankommenden entge-
gengesandt um über ihre Absichten sowie nebenbei
über ihre Aufführung ins Klare zu kommen. Von
diesem traf am 27. Juni ein Schreiben an Herrn
Mathiss von Gottesheim ein, worin er über seine
bisherigen Erlebnisse berichtete. «Er sey zu Sanct-
Johann bey Zabern beim Oberst Gütrich (de Guitry?)
gewesen und ihne befragt was sie für bevelch
Meiner Herren underthanen halben, der alsobald
angezaigt dass sie bevelch wo fern ihnen proviandt
verschafft werde, des graven von Hanawe underthanen, wie auch Meiner Herren dœrffer zu verschonen und nicht ein hun zu verlegen. »

Bouillon trennte sich übrigens unmittelbar nach
dem Einzuge in's Elsass von seinen Truppen, und
eilte zu Johann Casimir nach Heidelberg. Denn
schon am 24. Juni erschien von dort ein Herr von
Gemmingen beim Magistrat um für den jungen
Herzog um die Erlaubniss nachzusuchen, in der
nächsten Woche mit einem Gefolge von 12—14
Personen nach Strassburg zu kommen und dort auf
acht Tage bei einem Bürger Quartier zu nehmen,
da er nicht gern in einer öffentlichen Herberge
wohne [1].

---

[1] Es wurde ihm auch gewührt und am 2. Juli traf er hier
ein und wurde sammt dem Grafen von La Marck, seinem Bruder.

Am 26. Juni zogen diese Schaaren weiter land-
aufwärts und lagerten sich in die bischöflichen
Dörfer des Kochersperges. Der geflüchtete Johann
von Manderscheidt liess sie ersuchen, seine Unterthanen nach Möglichkeit zu schonen. Man soll ihm
erwiedert haben, Geld hätten sie und wären bereit
damit zu kaufen, was sie nöthig hätten, bekämen
sie es aber nicht gutwillig, so müssten sie eben da
nehmen wo sie etwas fänden[1]. Diese Requisitio-
nen, selbst da wo sie in der That bezahlt worden
sein mögen — was sich aber kaum denken lässt —
lasteten von Anfang an schwer auf der ländlichen
Bevölkerung des Elsasses, denn es war ein schlech-
tes Erntejahr, wovon wir gleich noch mehr Beweise
sehen werden, und das Viertel Frucht kostete
60 bis 65 Schillinge, wenn wir Specklin's Angaben
trauen dürfen[2]. Den protestantischen Ständen ge-

von den Herren Bernhard von Kageneck, Bock und Schütterlin
begrüsst und ihnen « eine Fürstenschenk » im Namen der Stadt
verehrt. Protokolle der XXI, 24. Juni, 3. Juli.

[1] Strobel, IV, S. 182.

[2] Strobel, IV, S. 182, der den Werth (vielleicht etwas hoch?) auf
70 bis 80 Franken heutiger Währung schätzt. Schon vor der Ankunft Bouillon's, am 19. Juni, finden wir die Gemeinden Romansweiler und Cossweiler bei Strassburg bittend «um Gotteswillen mit
etlicher Frucht ihnen behülflich zu sein, wissen sonst kein hilff, und
müssen mit weib und kindt hungers verderben....» Zwei Tage später
folgt Marlenheim, am folgenden Tage Northeim diesem Beispiele.
Protokoll der XXI, Sitzungen vom 19, 21, 24. Juni.

genüber, insbesondere Strassburg, benahmen sich
diese Truppen für den Augenblick nicht übel und
die Führer versprachen dass Niemand ein Haar ge-
krümmt werden solle. Es wäre das auch eine sehr
ungerechtfertigte Handlungsweise gewesen, da
sich die Stadt keineswegs einer vollständigen Neu-
tralität befliss, sondern, wenn auch nur unter
der Hand, den pfalzgräflichen Truppen allerlei
Vorschub leistete. Wenn auch die Dreizehner-Pro-
tokolle, die uns darüber belehrt haben würden,
verloren sind, so lässt sich doch Einiges aus den
Registern der XV[er] und XXI[er] entnehmen. So
sehen wir, dass am 10. Juni dem Strassburger
Handelsmann, Isaac Wicker[1], die Erlaubniss er-
theilt wird, für Johann Casimir Schwefelringe zu
giessen; so erhebt sich in derselben Sitzung eine
Klage mehrerer Fünfzehner, dass die Herren Drei-
zehner ohne Weiteres dem Pfalzgrafen vier Carthaunen bewilligt hätten. Einige Wochen später
erfahren wir aus der nämlichen Quelle, dass der-

---

[1] Dieser Isaak Wicker scheint eine Art kaufmännischer Agent
für Churpfalz in Strassburg gewesen zu sein; er kommt bereits
1568 als Geldvorstrecker für Wolfgang von Zweibrücken vor.
Siehe Bachmann, *Herzog Wolfgangs zu Zweybrücken Kriegsver-
richtungen*, Mannheim, 1769, S. 28. Auch in dem Briefe, Beilage V, wird er erwähnt. Er ersuchte später den Magistrat um
die Erlaubniss den Feldzug mitzumachen, was ihm auch gewährt
wurde. Protokolle der XXI, Sitzung vom 28. Juni.

selbe Wicker mit « drey Fass Kriegsrüstung »
hinaus in die Wanzenau (zu den dort lagernden
Söldnern) gezogen ist und dass Meine Herren einem
gewissen Georg Nägele, von Nürnberg, der für
etliche tausend Gulden Harnische und Waffen in
die Stadt gebracht hatte, das Zollgeld am Kauf-
hause theilweise erlassen wollten. Solche und ähnliche Vorfälle blieben natürlich nicht verborgen
und erregten den Zorn der katholischen Stände des
Elsasses und ihrer Nachbarn. Ein merkwürdiges
Beispiel der bösartigen Redensarten, die gleich
Anfangs gegen Strassburg in jenen Kreisen geführt
wurden, finden wir ebenfalls in den oben erwähnten Protokollen des Magistrats. Am 27. Juni erscheint der Metzgermeister Hans Kamm vor den
Fünfzehnern, um ihnen gebührend mitzutheilen,
dass er des Morgens dem Schultheiss von Bischweiler vor der Stadt begegnet sei; dieser habe
ihm erzählt, dass er vor acht Tagen in Mainz gewesen. «da sei der Bischof von Worms auch da gewesen und habe der stadt übel nachgeredt, gesagt
die herren von Strassburg fahen vihl handell an,
dass sie wohl unruewig stünden, dem welschen
Kriegsvolck haben sie zugeschickt den bischoff von
Strassburg heimzusuchen, es möcht wol ein anders
darauss werden, sie hetten wol mit ein IIC pferdten können streyffen und verhütten, dass die Wel-

schen bey 4 oder 5 meyl wegs nicht hinzukommen
weren, wan man inen aber einmal für die nass
rücke, dass sie die thor müssen zumachen, da
wollen die Herren einander ein guthen morgen
geben...[1] »

Es hinderten diese freundlichen Zusicherungen
der Neuankommenden übrigens den Strassburger
Magistrat durchaus nicht, die Stadt in gehörigen
Stand zu setzen. In der Sitzung vom 21. Juni wurde
beschlossen des Morgens um halb fünf Uhr und
des Abends um halb neun Uhr die Thorglocke zu
läuten, hundert Hackenschützen in Sold zu nehmen,
das Fischer- und das Elsbethenthor ganz zu schlies-
sen, das Zeughaus zu verwahren, «sonderlich uff
die suntag wan die gantze burgerschafft uff ein
Zeit in der Kirchen ist.» Künftig soll der Gottesdienst zu St-Wilhelm, St-Aurelien und zu Jung
St-Peter um 8 Uhr, in den andern Kirchen um
7 Uhr sein. In während Gottesdienst sollten alle
Deutschen und Welschen bei Leibesstrafe in den
Häussern verbleiben. Zwei Rotten Bürger sollten
besonders auf die Feuersgefahr Acht geben und
jeder Bürger, selbst die Doctoren Juris und Theologiæ gehalten sein, Wasser vor ihre Thüren zu

---

[1] Protokolle der XV. Sitzungen vom 10. Juni, 28. Juni,
15. Juli 1587. — Strassburger Stadtarchiv.

schaffen. Zugleich wurde, im Geist der damaligen
Zeiten, auch für die Bussstimmung der Unterthanen von Obrigkeitswegen gesorgt. Auf Antrag der
Geistlichen wurden die «Gauckler abgeschafft weil
ein ergerliches Fechten mit einer Weibsperson
vorgekommen» und die Spielleute aus den Her-
bergen gewiesen[1].

Auf den 15. Juni styl. vet. hatte der Bischof
unterdessen einen neuen Tag nach Schlettstadt
ausgeschrieben, um mit den Landständen die Auf-
stellung der nöthigen Sicherheitstruppen zu be-
sprechen. Aber auch diesmal nahmen die Gesandten zumeist die Sache nur *ad referendum* «zum
Hintersichbringen», an. Es ergibt sich dieses aus
einem Mahnbrief, welchen der Landvogt Niclaus,
Baron von Bollweiler, unter dem 30. Juni an die
freien Reichsstädte richtete, um eine definitive
Antwort von ihnen zu erhalten, ohne sie indess
aus ihrer berechneten Unthätigkeit reissen zu
können[2].

Am 28. Juni stiessen 4000 weitere französische
Kriegsleute zu den Truppen des jungen Herzogs
von Bouillon, und zwei Tage darauf, am 30. Juni,

[1] Protokoll der XXI, Sitzung vom 21. und 24. Juni.

[2] Colmarer Stadtarchiv. *Mesures de défense contre les troupes
du roi de Navarre, 12 mai-7 août 1587.* 3 pièces fol. Freundlich
mitgetheilt von Herrn Stadtarchivar X. Mossmann.

wiederum 2000 Hackenschützen, so dass eine regel-
mässige Verproviantirung in Freundesgebiet ohne
Gewaltthaten schon schwieriger wurde. Ein Theil
dieser Truppen kam aus dem Mümpelgartischen
und aus Genf, flüchtige Hugenotten, die sich seit
den letzten Niederlagen der Ihrigen auf befreunde-
ten Boden geflüchtet hatten. Auch mit den neuen
Ankömmlingen unterhielt Strassburg die besten Be-
ziehungen. Es wurde gerade die grosse Johannis-
messe in der Stadt abgehalten und um den Bürgern
einiges Verdienst zu verschaffen, oder auch um die
fremden Kaufleute der Gefahr einer späteren Aus-
plünderung auf offener Heerstrasse zu entziehen,
erlaubte der Magistrat den Söldnern unbewehrt
herein zu kommen um Einkäufe zu machen[1]. Ohne
Jemand Unrecht zu thun, kann die Klage des Lie-
derdichters als nur zu berechtigt angesehen werden,
wenn er erzählt dass die Landsknechte damals und
später die Gelegenheit benutzten um ihren Raub
auf dem Lande, wenigstens theilweise, an gewisse
Strassburger Bürger in der Stille zu verkaufen[2].

---

[1] Strobel, IV, S. 183. Es war gerade damals eine grössere
Betheiligung der Kaufleute von überrheinischer Seite sehr schwierig, da ein Durchbruch des Rheindammes zwischen Kehl und
Auenheim stattgefunden hatte, und die Strasse kaum offen erhalten werden konnte. Protokolle der XXI, 26. Juni.

[2] Lied II, Strophe 4. Wir werden für die späteren Zeiten
einiges darauf Bezügliche noch anzuführen haben.

Auch mehrere Wagen mit Brod wurden den Fremden von dem Magistrat vor die Thore geschickt,
um dem Gesuche der Herren George d'Averly
und M. de la Roche, zwei neuer Gesandten des Königs von Navarra, zu entsprechen ; diese gelobten
nochmals Schonung der Unterthanen, baten aber
zugleich dringend um Proviant, Pulver und Schuhe.
Man erklärte sich bereit ihnen das Brod umsonst
zu überlassen, erlaubte ihnen Einkäufe an Schuh-
werk zu machen, lehnte es aber ab sie mit Kriegs-
munition zu versehen [1].

Und doch war gerade jetzt ziemliche Noth hinter
den Stadtmauern, denn das geflüchtete Vieh der
Landbewohner, sowie die Heerden die von den
Strassburger Metzgern gewöhnlich in der Umgegend
gemästet wurden, verbrauchten viel Futter. Nun
aber war zugleich der zugängliche Weidegrund
durch das Umherstreifen der Söldner sehr einge-
schränkt, da sie unmittelbar vor Strassburg stan-
den, theils war noch dazu ein Austreten aller der
um die Stadt herum so zahlreichen Gewässer
gekommen, so dass die Thiere im Wasser lagerten
und nichts zu fressen hatten, während doch höchs-
tens auf drei Tage Vorrath vorhanden war. Auf

[1] Strobel, IV, S. 183. Protokolle der XXI, 28. Juni, 4. Juli.
Aus Mangel an Wagen konnte das Navarrische Kriegsvolk diesen
Proviant nicht einmal abholen.

die Beschwerden der Metzgerzunft hin, wurde den
Metzgern erlaubt ihr Vieh vorläufig auf die Allmend
beim Neuhof und der Ruprechtsau zu treiben[1].

In den ersten Tagen Juli's fiengen nun endlich,
unter dem Schutze der französischen Truppen,
welche Mummenheim und die Hauptorte der Landvogtei besetzt hatten, soweit dieselben nicht mit
Mauern und Thoren versehen waren, die deutschen
Reiter und Landsknechte an herbeizurücken. Es ge-
schah diess in kleineren und grösseren Haufen und
unsere Quellen berichten uns darüber in so ver-
wickelter und theilweise widersprechender Weise,
dass ich darauf verzichten muss, über alle die Ein-
zelnheiten ihres Aufmarsches das gehörige Licht
zu verbreiten, und die Verwirrung der Daten und
Zahlen in befriedigender Weise zu lösen.

Am 4. Juli sehen wir zuerst die deutschen Fussknechte des Obersten Georg Erasmus von Schregel
— «le docteur Scrogel», wie ihn Mézeray nennt

---

1 Protokolle der XV. Sitzung vom 27. Juni. Stadtarchiv. —
Die massenhafte Einwanderung der geflohenen Bauern brachte
auch eine grosse Sterblichkeit hervor. Es starben im Jahr 1587
nicht weniger als 5315 Personen in Strassburg, wovon 3584 im
Spital. An armen Leuten wurden 132,049, sei's im «Newen
Almosen», sei's in der Elendenherberge, gespeist. Eine so gross-
artige Gastfreundschaft verdient gewiss die rühmendste Aner-
kennung. Friese, *Historische Merkwürdigkeiten*, S. 191, «nach
einer geschriebenen Chronik»

— den Rhein herauf ziehen und ihre Quartiere bei
Killstett, in der Wanzenau, und der dortigen Umgegend nehmen[1]. Ihre Zahl belief sich auf mehrere
Tausend und ihre Gegenwart rief sogleich in der
Umgegend von Strassburg eine neue Steigerung
der Fruchtpreise hervor, so dass ein Viertel Frucht
nun über neun Gulden, das ist über hundert Franken heutiger Währung galt[2]. Die Aussicht auf
eine baldige Ernte konnte um so weniger die Preise
sinken machen, als die kleinen Nebenflüsse der Ill
und des Rheins fast alle in Folge eines mehrwö-
chentlichen Regens ausgetreten waren und die
Ebene überschwemmten. Die Strassburger, die bis-

[1] Ob er wirklich diesen akademischen Titel besass, vermag
ich nicht zu entscheiden, obgleich es auch aus einem Briefe
Mornay's an M. de Morlas hervorzugehen scheint (S. Mornay,
IV, S. 134); sehr möglich ist es übrigens, denn kurz vorher
hatte man einen andern pfälzischen Rath, den Dr. Peter Beuterich, an der Spitze eines Heeres durch das Elsass ziehen sehen.
Siehe *Chronique strasbourgeoise* de J. J. Meyer, S. 115.

[2] Strobel, IV, S. 182. Wir müssen doch hinzufügen dass andere Quellen mässigere Angaben aufbewahrt haben als sie der
verdiente Historiker des Elsasses aus Specklin geschöpft hat. So
singt z. B. Kleinlawel (S. 169):

    ‹ Ernd und herbst waren auch gering
    ‹ Darumb musst man damallen
    ‹ Ein Fuder Wein, darzu sawr Ding,
    ‹ Umb hundert gulden zahlen.
    ‹ Ein viertel weitzen galt drey pfundt
    ‹ Korn *fünf* gulden........ ›

her aus politischen Rücksichten jede Ausfuhr von
Getreide gern erlaubt hatten, verboten nunmehr
das in die Stadt geflüchtete Korn nach auswärts
zu verkaufen [1].

In den folgenden Tagen strömten neue Banden
hinzu, die sich an verschiedenen Orten, zu Weyersheim am Thurm, zu Reichstett, zu Stephansfeld,
zu Altorf lagerten und die bald so sehr aller Disciplin und Gehorsams vergassen, rings um, wie wenn
sie bereits in Feindesland verweilten, zu hausen
und zu plündern.

Die gehetzten und ausgesogenen Bauern, denen
oft das Leben gefährdet wurde, die Weib und Kind
oft der Rohheit einer nichts achtenden Soldateska
ausgesetzt sahen, liefen in Haufen davon, in die
festen Städte und Schlösser, griffen auch hie und
da in der Verzweiflung zu der nächsten Wehr um
die ungeladenen Gäste zu verscheuchen. Doch
brachte ihnen dieser nutzlose Widerstand nur neue
Leiden. Was konnten einige mit Karsten, Flegeln
und Stangen bewaffnete Haufen gegen die zahlreichen Söldner machen? Sie tödteten wohl einige
der Uebelthäter, aber ihre Dörfer wurden nieder-
gebrannt, nachdem ihre Habe geplündert worden,
— bei einer solchen Gelegenheit ging Willgottheim

---

1 Protokolle der XV, Sitzung vom 12. Juli. — Stadtarchiv.

in Flammen auf[1] — und die Söldner gewöhnten
sich nur daran die Landesbewohner als Gegner zu
behandeln[2].

Die Ursachen dieser Aufführung, welche mit den
Verpflichtungen der deutschen Heerführer sowie
der französischen Gesandten in so grellem Wider-
spruche stand, waren verschiedener Art. Als die
drei hauptsächlichsten kann man jedoch die folgenden bezeichnen. Erstens war damals im Elsass
wirklich Mangel an Lebensmitteln, und gewisse
Truppentheile mögen aus Noth geplündert haben.
Auch ist nicht zu vergessen dass es in der That
schwierig ist, den Soldaten im Feld, wo die natür-
liche Zerstörungslust der Menschen noch durch
die Langeweile gesteigert wird, daran zu hindern
in verlassenen Wohnungen Unfug anzurichten. Die
Rittmeister der deutschen Reiter antworteten einmal, dass weil Alles geflohen wäre, ihre Leute
«sich beschwerten keine Essenspeise mehr zu
haben» und Dohna selbst gab später dem an ihn

---

[1] Protokolle der XXI, Sitzung vom 10. Juli. — Bouillon
schickte einen Abgeordneten nach Strassburg um sich über diese
Angriffe zu beklagen. Sechs Mann seien ihm bereits erschossen,
zwölf geschädigt, ein Herr von Valese so wie der Bruder eines
vornehmen Capitäns zu Kleinfrankenheim getödtet werden.

[2] Sie verdienten es wenig von Heinrich von Navarra «une
si honorable et vertueuse trouppe» genannt zu werden. Mornay,
IV, S. 46.

geschickten strassburgischen Stettmeister von Ket-
ienheim zur Antwort, es thue ihm leid dass die
Dörfer verwüstet würden, aber « es geh einmal
übel zu wann die Reutter selbst schneiden und
treschen müssten, dass man auch nit könne ungessen seyn[1].»

Dann waren die Söldner noch nicht gemustert, in
Eid und Pflicht genommen und einer eigentlichen
streng militärischen Disciplin daher auch nicht zu
unterwerfen. Endlich aber war inzwischen eine
Besetzung des Oberfeldherrnpostens erfolgt, die
grosse Aufregung in einem Theil des Heeres her-
vorgerufen hatte und die Unternehmung von vorn
herein auf's Höchste gefährdete.

Bis zum letzten Augenblick hatte man auf das
Erscheinen im Felde des Pfalzgrafen Johann Casimir
gehofft. Seine Tapferkeit war erprobt, schon einmal
war er an der Spitze eines deutschen Hülfsheeres
dieselbe Strasse gezogen; in Paris, am Hofe Heinrichs II erzogen, war er beim französischen Adel
beliebt; jetzt entschloss er sich plötzlich, an dem
Feldzug nicht persönlich Theil zu nehmen, sei es
aus affektirtem Gehorsam gegen das kaiserliche
Verbot, oder auch, wie ein berühmter neuerer Geschichtsschreiber es ausgesprochen hat, « dass er

---

[1] Protokolle der XXI, Sitzungen vom 19. und 20. Juli.

es aus nachbarlicher Rücksicht auf Lothringen nicht rathsam gefunden»[1].

Da man seine Ankunft stets erwartet, war von den französischen Gesandten kein Versuch gemacht worden mit einem andern deutschen protestantischen Fürsten wegen Führung des Heeres in Unterhandlung zu treten; Johann Casimir selbst scheint es verhindert zu haben[2].

Nach dem Vertrage von Friedelsheim war der König von Navarra zum Oberbefehl berechtigt, und neben ihm die französischen Prinzen von Geblüt. Von diesen konnte aber voraussichtlich keiner im Elsass erscheinen, und gerade desswegen hatte Heinrich den Herzog von Bouillon als seinen Vertreter in jene Gegenden geschickt und ihm dabei ausdrücklich das Commando zugesprochen. Nun sandte Johann Casimir an seiner Statt einen Mann nach dem Elsass, der bei allen guten Eigenschaften, die er besass, doch kaum der Mann war, in ein so grosses und aus so mannigfachen Elementen gebildetes Heer die nothwendige Ordnung zu bringen[3].

[1] Ranke, *Französische Geschichte*, I, 302.

[2] Mornay, IV, 134. In diesem Briefe an M. de Morlas, Januar 1588, fügt dann Mornay hinzu : « se réservant toustesfois le dict « seigneur duc le tiltre, estat et les prérogatives de chef de l'armée. »

[3] « Comme on est sur le partir, il nous baille pour chef des « Allemands tant de pied que de cheval, le baron de Dohna, « son domestique, gentilhomme peu auctorizé parmi eux... » So spricht der ruhige Mornay, IV, S. 134.

Fabian der Aeltere, Burggraf von Dohna, gehörte
einem alten preussischen Adelsgeschlechte an, hatte
sich nach langen Irrfahrten an das pfälzische Haus,
mit dem er durch den bekannten Hubert Languet
in Verbindung getreten, angeschlossen, und Johann
Casimir in Krieg und Frieden viele Jahre hindurch
begleitet. Tapfer, nicht ohne Erfahrung und willig
für den Glauben zu streiten[1], war doch Dohna nicht
ein durch grosse Kriegsthaten so berühmt gewor-
dener Mann um den Oberbefehl über so viele hohe
und adelige Häupter zu führen, deren Rang und
Namen den seinigen weit übertrafen. Man kann sich
denken mit welchem Missmuth die Ernennung, besonders beim französischen Contingent, aufgenommen wurde. Die Adeligen begehrten entweder einen
französischen oder einen deutschen Fürsten an
ihrer Spitze zu sehen, und inzwischen erklärten sie,
den angelangten Befehlen Heinrichs von Navarra
gehorchen zu wollen, der, wahrscheinlich auf die
Nachricht hin dass Johann Casimir nicht in Person
komme, nochmals den jungen Herzog von Bouillon
in seinem Obercommando bestätigt hatte.

---

[1] Die von Vossius im Anhang seines *Commentarius de rebus pace
belloque gestis Domini Fabiani Senioris Burggravii a Dohna* (Opera,
VI, S. 1 und folgende) mitgetheilten selbstverfassten Gebete zeu-
gen von einer ehrenwerthen Frömmigkeit, sind aber für einen
thätigen Feldherrn gewaltig lang.

Zwei Edelleute, Herr von Beauchamp, der Heinrichs Befehle überbracht hatte, und Herr von Mesnillet, reisten nun nach Heidelberg ab, um gegen Dohna's Ernennung zu remonstriren. Sie wurden aber äusserst kalt empfangen und ihnen erwidert, dass der Vertrag von Friedelsheim — was allerdings richtig war — dem Pfalzgrafen die Wahl seines Stellvertreters gänzlich frei lasse, indessen wolle es der Fürst dem Baron von Dohna und den deutschen Obersten und Befehlshabern überlassen, nochmals die Frage zu erörtern. Diese traten in der That zusammen, doch war das Resultat leicht zum voraus zu errathen. Die deutschen Anführer erklärten einstimmig, keinen andern Feldherrn als Dohna über sich haben zu wollen, und zwei französische Abgesandte, Comarebles und La Huguerie, wurden von ihnen an Bouillon geschickt um ihn dessen zu bedeuten[1]. Die ob der Wahl der Abgeordneten speciell entrüsteten französischen Adeligen erklärten nun kategorisch keinen andern Führer als Bouillon anzuerkennen, und schliesslich wurde ihnen hierin

[1] Es war auch gerüchtweise von andern Führern die Rede gewesen. So lesen wir in einem Brief Colmars (an Schlettstadt?) vom 12. Juli, dass man jetzt endlich den Namen des « veldoberisten » erfahren, den man so lang nicht gewusst. Es sei der Herzog Ott zu Lüneburg. Missivenbuch, S. 439. Colmarer Stadtarchiv. Mitgetheilt durch Hrn. Archivar Mossmann.

gewillfahrt, aber man kann sich die Gefühle, die
von nun an die «Welschen» und die «Alemans»
gegen einander beseelten, zur Genüge ausmalen[1],
und die Einheit der Leitung und das gute Einver-
nehmen, welche bei alliirten Truppen so dringend
nothwendig sind, wenn ein Unternehmen gelingen
soll, waren nun auf immer dahin. Es kam in
der Folge so weit, dass deutsche Reiter Truppen
Bouillon's mit Gewalt aus gewissen Dörfern vertrieben und direkt gegen seine Befehle handelten,
und dass Obristen des Herzogs gegen Strassburger
Beamtete ihr Unbehagen aussprachen mitten unter
deutschem Kriegsvolk einquarticrt zu sein, da sie
einen Ueberfall befürchten müssten[2].

Hatte schon die Wahl Dohna's so viel Anstoss
gegeben, so trug das Benehmen desselben nicht
gerade dazu bei, die Spannung zwischen den Hee-
restheilen zu lindern[3]. Dohna hatte von Heidelberg

[1] Wie wenig sie sich leiden konnten geht auch aus der wunderlichen
Bitte der Reiter an Heinrich III hervor, den sie nach der Nieder-
lage von Auneau ersuchten, ihnen zu erlauben die französischen
Adeligen, welche noch mit ihnen zogen, als Gefangene mit nach
Hause zu nehmen, um ihnen ein Lösegeld zu erpressen. Mornay,
IV, S. 94.

[2] Protokolle der XXI, Sitzungen der 23. und 25. Juli.

[3] Dabei ist zu bemerken dass Dohna erst sehr spät in's Elsass
kam. Am 16. Juli erst meldete der Herzog von Bouillon dem
Rath von Strassburg das Kommen des «Veldtmarschalks» und
am 18. Juli (alle aus den Strassburger Quellen geschöpften

aus einen gewissen Michel de la Huguerie, als
Rath und Dolmetscher, mitbekommen, der ihn sehr
bald zu gewinnen wusste und in den er das grösste
Vertrauen setzte. Dieser La Huguerie nun, aus
Chartres gebürtig, war eine Zeitlang in Paris als
Schulmeister ansässig gewesen, war dann, angeblich seines Glaubens wegen, von dort entflohen und
hatte am pfälzischen Hofe gute Aufnahme gefunden.
Die französischen Führer aber, bis auf wenige,
hielten den vorlauten und zudringlichen Mann für
einen Verräther, der alles, was er erfuhr, heimlich
dem Herzog von Lothringen hinterbringe, und
waren natürlich über Dohna's Vertrauensseligkeit
ihm gegenüber äusserst erzürnt [1].

Diesem unliebsamen Auftreten der einen wie der

Daten sind natürlich *stylo veteri* zu verstehen) kam er in unserer
Stadt an, wo er von Herrn Philipp von Kettenheim und Herrn
Niclaus Fuchs Namens des Rathes begrüsst wurde und ihm
gleich zu Anfang die delicate Frage vorgelegt wurde, wenn die
Völker endlich abzuziehen gedächten. Protokolle der XXI,
Sitzungen vom 16. und 18. Juli.

[1] De Thou sagt von ihm «*qui olim pædagogiam Lutetiæ, me
puero, fecerat, homo præfracta impudentia et obnoxius, Carolo Lotha-
ringio duce, ut creditur corruptus.*» Historiarum sui temporis tom. IV,
Londin., 1733, fol., IV, 459. Vossius sucht den Angeklagten, ohne
grossen Nachdruck, zu vertheidigen, und sagt nur Chatillon habe
ihn stets für einen ehrlichen Mann angesehen. La Huguerie hatte
übrigens, nach Henri Martin (*Histoire de France*, X, S. 44) ein Ta-
gebuch über den ganzen Zug hinterlassen, das leider nie gedruckt
worden ist.

anderen unter den herbeiströmenden Fremdlingen
suchten nun zwar die elsässischen Stände nach
Kräften durch Drohungen, Versprechungen, Natu-
rallieferungen und Beschwerden bei den Führern
zu steuern, aber was konnte dieses Alles viel
nützen? Keiner der betheiligten Leidensgenossen
besass eine genügende Macht um seinen Meinun-
gen und Wünschen Nachdruck zu verleihen. So
verlief auch der zweite Ständetag, dessen Zusam-
mentreten in Hochfelden die bedenklich gewor-
denen Strassburger nun ihrerseits selber veran-
lassten, ohne weitere praktische Resultate. Hagenau
und die andern Städte, der Bischof, der Graf zu
Hanau und die unterelsässische Ritterschaft waren
es, die dort am 7. Juli über den Zustand des Landes
sich besprachen. Das Ergebniss dieser Besprechun-
gen war so unklar, dass man nach zweitägiger Be-
rathung beschloss nach Strassburg überzusiedeln
und dort weiter zu debattiren. Am 12. Juli ward dann
in dieser Stadt eine neue Tagsatzung abgehalten,
deren Resultate in einer Reihe von Beschlüssen zu-
sammengefasst wurden. Man wollte in systemati-
scher Weise die Verproviantirung der Truppen übernehmen. Jeder grössere Ort sollte so und so viel
Brod und Wein liefern, Oberehnheim z. B. 8000
Brode, acht Stücke Vieh und fünf Fuder Wein, auf
gemeine Kosten, zu späterer Verrechnung; Strass-

burg sollte täglich 12,000 anderthalbpfündige Brod-
laibe backen, und sie an gewisse, vorgeschriebene
Austheilplätze führen lassen, etwas Wein auch
hinzufügen[1]. In Allem brauchte man täglich 480
Viertel Frucht. Davon sollten Meine Herren 120
liefern, der Bischof 120, die Prälaten 120, und die
übrigen Stände den Rest. Zugleich sollte man eine
fliegende Schwadron von ungefähr 50 Mann unter
Herrn Jakob von Bock hin und wieder streifen
lassen, um auf den Landstrassen Ordnung zu halten und den Landbewohnern mindestens in Etwas
Schutz zu gewähren[2]. Eine geradezu lächerliche
Schutzmassregel gegen eine Armee von bereits
mehr als 12,000 Mann, wie uns denn überhaupt
diese ganze Episode auf's deutlichste die immer
grössere Unfähigkeit der kleinen, im Mittelalter
so blühenden Gemeinwesen zeigt, den neuen Vor-
kommnissen der Zeit gegenüber sich in dem Kampf
um's Dasein zu behaupten.

[1] Protokolle der XXI, 13. Juli. Friese (*Vaterländische Geschichte*, II, S. 336) spricht von 40,000 Pfund Brod, 20,000
Pfund Fleisch und 20,000 Mass Wein, die Strassburg täglich
lieferte, doch bezieht sich dies wohl auf eine spätere Zeit, nach
Ankunft der Schweizer.

[2] Gyss, *Histoire d'Obernai*, I, S. 370; Strobel, IV, 183. Protokolle der XXI, 13. Juni. Die Rotte sollte sich den 14. Juli zu Brumath
vereinigen. Meine Herren gaben sechs Pferde, der Bischof sechs,
die Landvogtei Hagenau vier, der Graf von Hanau vier, u. s. w.

Indess das Uebel sollte noch weit ärger werden.
Bald nach diesem Ständetag erschienen abermals
neue Truppenmassen, 8000 Reiter, wie uns nach
einer Quelle berichtet wird[1], und nun war das
Gedränge dermassen gross dass an keine Ordnung
mehr zu denken war. Alle Orte von Strassburg
nach Hagenau und vom Rhein nach Zabern, waren
dicht mit Truppen besetzt und wurden ohne Unter-
schied des Freundes und des Feindes auf gleiche
Weise gemisshandelt. Trotz aller Proviantsendungen wurden die Häuser geplündert, die Kornvor-
räthe weggeführt, verkauft oder den Pferden in die
Krippen geworfen, die Weinfässer ausgesoffen oder
geradezu in die Keller laufen gelassen, die neue
Ernte, wo sie von der schlechten Witterung nicht
bereits vernichtet, noch grün abgeschnitten und
zu Streu und Pferdefutter benutzt. Unter den deutschen Reitern scheinen besonders die Braunschweiger und Hessen unsern armen Bauern als die
ärgsten Diebe vorgekommen zu sein[2]. Nicht nur
die Vorräthe und Mobilien wurden also muthwillig

---

[1] Strobel, *loc. cit.* Wie wenig man allen diesen Zahlen trauen
darf, geht aus der mehrfachen Versicherung Mornay's hervor,
der sich bitter beklagt, dass man nicht Wort gehalten und *in
Allem* nicht mehr als 4000 Reiter, statt der versprochenen 9000,
geschickt habe. Mornay, IV, S. 134, 165.

[2] Siehe die zwei folgenden Lieder I und II.

zerstört, selbst die Fenster, Thüren, Läden, u. s. w.,
wurden, sagt eine unserer Chroniken, in keinem
Dorfe ganz gelassen[1]. Selbst in den Städten war
man nicht ganz ohne Furcht vor einem kecken
Handstreich und als, zum Beispiel, in Strassburg
am 15. Juli ein Brand in Lienhard Graff's Haus
während der Nacht ausbrach, gab es im ersten
Augenblick einen panischen Schrecken, weil man
die Sache mit dem Navarrischen Kriegsvolk in
Verbindung brachte[2]. Die bereits getroffenen und
oben gemeldeten Sicherheitsmassregeln wurden
vermehrt, die Thore, besonders das Metzger- und
Cronenburger-Thor, mit vermehrter Wachtmann-
schaft versehen, und beschlossen, nur noch mit
geringen Ausnahmen den Fremden den Eingang zu
erlauben, « das gemein gesindlin » aber gar nicht
mehr herein zu lassen[3].

Es ist hier wohl die Stelle wo wir am füglichsten
die Aufzählung der diese wilden Heerhaufen
deutscher Soldknechte commandirenden Obersten
und Hauptleute wiedergeben können, wie sie
der wackere Bernhard Herzog aus irgend einem
Document seiner Chronik einverleibt hat ; es wird

---

[1] Siehe Beilage VI, Strassburger Chronik von Stædel.
[2] Siehe Beilage VII, Strassburger Chronik von Schad.
[3] Protokolle der XXI, 18. Juli.

Niemand wundern wenn wir die eigenen Worte
des alten Chronisten geben, da uns ja doch keine
Documente zu Gebote stehen um seine Angaben zu
controlliren oder zu berichtigen. :

Unter den Teutschen Reuttern was
Feldoberster Herr Fabian, Burggraff und Herr
    von Thona
Ginge Rabe, sein Leutenant[1].
Oberster Leutenant Ludwig Rump
Generalleutenant über das welsch Kriegsvolk was
Hertzog Franz von Bulion. Dieser Hertzog führet
    auch zwey fanen teutscher pferdt. Deren ritt-
    meister waren Adam und Anthoni von Erfft.
Oberster proviandtmeister was Caspar Costwitz,
    Johann Buch oberster. Sein rittmeister waren
    Adam von Schleben und Sigmund Schutz.
Rant von Querum, Fenderich.
Georg Friederich von Barbissdorf, Oberster
Joachim Klott, sein Fenderich
Sein Leutenant was Hans von Conitz.
Rittmeister, Dietrich Herling,
Fenderich, Andreas von Buchholtz
Wachtmeister, Lorentz Schilling,

---

1 Sollte diese Persönlichkeit mit dem Grafen von Barbe iden-
tisch sein, den das Colmar Missivenbuch (S. 439) als Leutenant
des Oberfeldherren nennt?

Herr Frantz von Tomartin, Oberster

Volkmar von Dopfferen, Leutenant

Burckhart von Bemelberg und N. Libenitz, Rittmeister.

Joachim Freyher von Horstein und Adam von
Erfft, Fenderich.

Friederich von Werna, Oberster.

Rittmeister, Ludwig Klott und Adolff Erbenwitz.

Dieterich von Raspan, Fenderich.

Johann von Horrerfurt, die Rennfanen.

Unter dem Fussvolk was Oberster

Jœrg Erasmus Schregel

Sebastian Stucki Oberster Leutenant

Wolff Muck,   . ⎫
N. Lampi,   ⎪
Georg von Eckendorff,   ⎬ Hauptleut.
Georg Rudolf Hirspach,   ⎪
N. Decker,   ⎪
Georg Weber,   ⎭

Georg Kircher,   ⎫ Fenderich[1].
Christoff Ziegler,   ⎭

[1] In wiefern Hertzog diese Namen alle richtig geschrieben,
ist bei der Unbedeutenheit der meisten unter ihnen schwer zu
entscheiden.

Und namen die obgemelten Obersten sampt ihren
reuttern die quartier vor der musterung, volgender
gestalt ein. Als

Lamerssheim für den Feldobersten [1]

Melssheim, Wolssheim,	für die Rennfanen.
Friedelssheim, Altenheim zur Dauben, Leuttenheim,	für die Knecht, arto- lerey [2], auch schantzgræber.
Mittelburg, Rangen,	für die Bulionische u. Domartische Reut- ter.
Sesenheim, Duntzenheim,	für den Obersten Ber- bissdorff.
Griessheim, Frankenheim,	für den Obersten Jo- hann Büchen.
Gugenheim, Rhor,	für Friederichen von Weren, den ober- sten.
Auwenheim, Durmingen, Kirchheim,	für den Obersten Jo- hann Klotten.

Während so von Norden her immer grössere
Truppenmassen sich im Elsass concentrirten, kam

---

[1] Später verlegte Dohna sein Quartier nach Quatzenheim.

[2] Die Artillerie war später zu Schnersheim.

nun auch die zweite, noch bedeutendere Abtheilung
des Navarrischen Hülfsheeres, von Süden herauf.
Herr von Clervant hatte sich im Frühjahr in die
Schweiz begeben und von den protestantischen Eidgenossen die Erlaubniss erhalten, trotz aller Gegen-
vorstellungen Heinrichs III, für ihre Glaubensge-
nossen Truppen zu werben. Besonders willig waren
Bern, Basel und Zürich gewesen, aber auch die
Bündtner und Schaffhausen hatten auf ihrem Gebiete Werbungen gestattet[1]. Das Resultat derselben
war ein sehr günstiges gewesen; über 20,000 Mann
wurden eingereiht, wovon 4000 allerdings, noch
ehe sie das Elsass betraten, unter Herrn von Cugy
nach dem Dauphiné abgesandt wurden, um die dort
hart bedrängten Hugenotten zu unterstützen[2].

[1] Ranke, *Französische Geschichte*, 1, S. 302. Nach dem berühm-
ten Berliner Geschichtsschreiber soll eine Handschrift des Hauptmann's Joh. Haller, welcher den Zug mitmachte, in Zürich
existiren. Er citirt aber nichts daraus. Ranke irrt übrigens, wenn
er erzählt, dass alle diese Truppen auf pfälzischem Boden gemustert wurden.

[2] Auch hier sind die Zahlen höchst verwirrt, besonders in den
Untereintheilungen. Die Schwankungen zwischen 20,000 und
15,000 Mann lassen sich aus der oben erwähnten Absendung
Cugy's erklären. Die einen Quellen geben aber 42 Haufen, die
andern 36 Fahnen, andere wieder 54 Fähnlein an. Clervant selbst
sagte dem, Mitte Juli's zu ihm geschickten Strassburger Abgeordneten Bernhard von Kageneck, «er hab 16,000 biss 17,000
Mäuler zu speyssen.» Protokolle der XXI, 20. Juli.

Der Bischof von Basel hatte ihnen nicht allein den Pass, sondern auch, wenn wir den Berichten folgen die von Pruntrutt aus nach Colmar gelangten, alle nöthigen Lebensmittel gewährt. Sie hatten darauf dasselbe Begehren an die österreichische Regierung in Ensisheim gerichtet und gleichfalls bewilligt erhalten. Auch der unterelsässische Ständetag hatte sich bereits in seiner Sitzung vom 12. Juli mit ihnen beschäftigt und beschlossen Clervant's Truppen mit Proviantsendungen zu unterstützen[1]. Nach einer Uebereinkunft die zwischen Clervant's Delegirten und denen der Regentschaft am 26. Juni zu Habsheim abgeschlossen wurde, sollten die Truppen in geregelten Etapen das Oberland durchziehen, um zu den ihnen bei Hochfelden, Geispolsheim und Erstein angewiesenen Musterplätzen zu gelangen. Am 10. Juli sollten sie in Altkirch übernachten, am 11. in Reiningen, am 12. in Sulzmatt und Orschwihr, am 13. in Sigolsheim, Bennwihr und Mittelwihr Quartiere beziehen;

---

[1] Es wurde beschlossen einen besondern Vorrath von 4000 Viertel Frucht für sie zu beschaffen. Davon sollten Meine Herren 1000 geben, der Bischoff 600, die Landvogtei Hagenau 300, Fleckenstein 150, Leiningen 50, Westerburg 50, die geistlichen Stifter 950, die vier Städte 250, die Ritterschaft 200, die Mark Maursmünster 100, das Weilerthal 100. - Der Bischof und Meine Herren sollten zwei « Proviandner » zum Austheilen ordnen. Protokolle der XXI, 13. Juli.

am 14. Juli sollte dann der Landgraben, welcher
Ober- und Unter-Elsass trennt, überschritten und
das Nachtlager um Kestenholz bezogen werden[1].

Die Fahrt entsprach nicht ganz dem eben gege-
benen Programm; Clervant lag längere Zeit bei
Ruffach und kam erst etwas später, das Gebirg
entlang, in das Unter-Elsass herein[2].

Seine Armee, welche die öffentliche Fama bereits
auf 30,000 Fussknechte und 2000 Reiter gesteigert
hatte, wurde von sieben Delegirten der Ensisheimer
Regierung begleitet, um Excesse zu verhindern.
Erst am 15. Juli kam sie in Sulzmatt an und rastete
daselbst, sowie in Orschwihr und Gundolsheim,
zwei Tage; von da schrieb auch Clervant an Meine
Herren um ihnen Schonung ihrer Unterthanen zu
versprechen[3]. Er überschritt in der Nacht vom
17. auf den 18. Juli den Landgraben, zog unter
den Mauern Colmar's vorbei nach Sigolsheim,

[1] Briefe von Colmar vom 23ten, 26. Juni. Missivenbuoch, Colmarer Stadtarchiv.

[2] Erst ganz kürzlich waren übrigens starke Schweizerhaufen
im Ober-Elsass gewesen um die bekannten Mülhauser Unruhen
zu dämpfen, worüber man Mieg's *Geschichte von Mülhausen* oder
das kürzlich von meinem hochverehrten Collegen August Stöber
in Mülhausen herausgegebene Werk: *Die bürgerlichen Aufstände
in der Stadt Mülhausen am Ende des sechzehnten Jahrhunderts*, nach-
schlagen mag.

[3] Protokolle der XXI, 17. Juni.

nur kurze Zeit in der Nähe der ebenerwähnten
Stadt weilend um einigen Proviant einzukaufen.
Den 19. Juli stunden die Schweizer bei Schlettstadt.
Bis dahin wenigtens hatten sich ihre Truppen im
Durchschnitt ziemlich gut betragen, wie wir aus
einem Schreiben des Colmarer Rathes vom 21. Juli
erfahren[1]. Sie scheinen, unter Clervant's Oberlei-
tung, nach ihrer Ortsangehörigkeit, in drei Heer-
haufen getheilt gewesen zu sein; Oberst Bernhard
Dilmann befehligte die Berner[2], Oberst Krieg die
Zürcher, Oberst Ryhiner die Basler.

Ueber ihr Verhalten in der näheren Umgegend
von Strassburg gehen dann unsere Berichte weit
auseinander. Doch ehe wir mit ihnen bis unter die
Mauern Strassburg's ziehen, haben wir noch, der
chronologischen Reihenfolge der Begebenheiten
nachgehend, die Ankunft einer andern Persönlichkeit in Strassburg zu erwähnen, welche mit einem
in der That verzweifelten Auftrag bereits am 12.
Juli in dieser Stadt eingetroffen war. Der ehrenfeste
Peter Scheer nämlich erschien im Auftrage des
Kreishauptmanns des Oberrheinischen Kreises
Graf Ernst von Solms, um die im Elsass lagernden

---

[1] Missivenbuch, Colmarer Stadtarchiv.

[2] Nach einer andern Quelle befehligte dieser Dilmann oder
Tilman die 14 Fähnlein Zürcher.

Söldner im Namen des Reiches zum Abzug zu
zwingen.

In Strassburg hatte man ihn sehr höflich empfangen und mit den besten Wünschen begleitet,
als er am 13. Juli aufgebrochen war um die
Führer der Reiter persönlich aufzusuchen[1]. Am
18. des Monats hatte er den Oberfeldherrn in Hohenatzenheim getroffen, und seine Mission berichtet. Dohna versprach natürlich das Beste und, wie
uns bedünkt, ziemlich unnöthiger Weise, zeigte er
sich « hefftig verwundert dass das landt schon also
verwüsst ». Er erklärte übrigens dass er in vierzehn
Tagen aus dem Lande sein werde[2]. Einen bessern
Erfolg konnte wohl auch Solms nicht ernstlich erwarten[3].

Wir haben bereits oben erzählt wie im Laufe des
Monats Juli, in Folge der Unsicherheit und des
Zwiespalts im Commando, die Unordnung im Lande
immer grösser geworden war; die Ankunft von
weiteren 16,000 Mann, welche sich nun bei den
andern in die unglücklichen Landgemeinden des
Elsasses einquartierten, konnte alle die Uebelstände.

---

[1] Protokolle der XXI. Sitzungen vom 12. und 13. Juli.

[2] Protokolle der XXI, Sitzung vom 19. Juli.

[3] Später ist Graf Ernst von Solms selbst in's Elsass gekommen
um zu sehen was er ausrichten könne. Gyss, *Histoire d'Obernai*,
I, S. 371.

die bereits bestanden, nur noch verschlimmern.
Wenn auch die einen die gute Haltung der Schweizer
rühmen, wird von andern, in's Besondere von den
Verfassern unserer zwei Lieder, über sie nicht
minder geklagt als über die deutschen Knechte.
Wahrscheinlich war bei der Masse von Söldnern
die das Land überschwemmten eine genauere
Kenntniss der Thäterschaft eines jeden Raubes geradezu unmöglich und die armen, geplagten Bauern
sahen nicht lange nach dem Heimatsschein ihrer
Peiniger um sie von Grund ihres Herzens zu ver-
fluchen. Wie sehr sie litten wird die trockene Aufzählung einiger Daten, die wir den Strassburger
Rathsprotokollen entnehmen, besser als alle Redensarten zeigen.

Am 18. Juli brannte Dossenheim ab; am 21. Juli
wurde Stützenheim verbrannt und Kirchheim geplündert; am 22. Juli fielen 40 Reiter und 100
Schützen in Dorlisheim ein, misshandelten die
Frauen und raubten 600 Schafe; Alles floh in
höchster Eile nach Rosheim, so dass kein Mensch
im Dorf zurückblieb; am 23. Juli brannten, nach
dem Berichte des Barrer Amtmann's, mehrere
Dörfer um Barr und Epfig.

Der folgende Tag sah Kogenheim, Geispolsheim,
Krautergersheim in Flammen aufgehen. Ganz nahe
an den Thoren Strassburg's wurde unterm selben

Datum der Karthausenmüller von Reitern ausge-
plündert. Am selben Tage wurde auch noch Feuer
in Weiersheim am Thurm angelegt[1]. Am 25. Juli
brannte Kertzheim, am 28. wurde Dettweiler geplündert, am 30. Juli, Hanhoffen geplündert und in
Brand gesteckt ; am 31. wurden Herlisheim und
Reichstett, am 2. August Sessolsheim im Kochersperg ein Raub der Flammen. Vorher noch, bei
nicht angegebenen Daten, waren auch Sparbach,
Oberdorf, Griessbach zerstört worden. Da kann es
einen wahrlich nicht Wunder nehmen wenn einer
unserer zwei anonymen Liederdichter mit ergrei-
fender Ironie ausruft :

« Es ist im buech ein posten,
« Heisst : Baur bezal den costen ! [2] »

Selbst wo nicht vorsätzlich gebrannt wurde
gingen die Dörfer oft durch die Unvorsichtigkeit
der Söldner in Rauch auf, wie z. B. in Meistratz-

---

[1] Diese und die folgenden Daten aus den Protokollen der
XXI, vom 19. Juli bis zum 4. August. Drei von den Weiers-
heimer Mordbrennern wurden übrigens gefangen in die Wanzenau
gebracht und der pfälzische Commissarius von Witzendorf forderte
Meine Herren auf, dem Verhör beizuwohnen, da diese erklärt hatten
auch Befehl zu haben den Strassburger Spital anzustecken (Protokolle der XXI, 24. Juli).

[2] Lied II, Strophe 8.

heim, wo die Schweizer lagen, die sich darauf meist im freien Felde lagerten[1].

Erheblicheren Eindruck als diese Plünderung kleiner Ortschaften machte ein Angriff den sich die deutschen Reiter des Obersten Erasmus Schregel am 30. Juli auf Bischweiler erlaubten, trotzdem dieser Ort unter dem besondern Schutz des Königs von Navarra stand, da er dem tapfern Dietrich von Schönberg gehörte[2] und dieser sogar augenblicklich im Schloss residirte. Nicht nur die Häuser der Bürger wurden geplündert, sondern auch die Kirche aufgesprengt, das darin aufbewahrte Gemeinde-Archiv und viele geflüchtete Habseligkeiten geraubt oder zerstört.

[1] S. Beilage VI, Strassburgische Chronik von Städel. Die Schweizer veröffentlichten auch damals eine Protestation dass sie nicht gegen den König in Frankreich sondern wider diejenigen die ihn vermocht das aufgerichtete Bündniss nicht zu halten, kämpften. Viele meinten es ernst mit dieser Erklärung, da sie die alten, für ihren Solddienst so vortheilhaften Bündnisse mit der Krone Frankreich nicht aufgeben wollten. Daher ihr späterer Entschluss, noch vor Auneau, sich von dem Hugenottenheer zu trennen und heimzuziehen.

[2] Dieser Dietrich von Schönberg (französisch: Schomberg) war mit dem Heere Johann Casimir's im Jahr 1567 nach Frankreich gekommen und bei den Hugenotten geblieben; er fiel, unter dem Banner Heinrich's IV fechtend, am 14. März 1590 in der Schlacht von Ivry. Was den Angriff der Reiter noch unbegreiflicher macht, war dass Schönberg der Schwiegersohn des Herren von Clervant war, dessen Tochter Louise er geheirathet hatte. Haag, IX, S. 487.

Schönberg, der, ohne Truppen, den Angriff nicht
zu rächen vermochte, musste es dabei bewenden
lassen sich an einen seiner Bekannten im Navarrischen Heere, an den Oberst Johann von Klott, mit
der Bitte zu wenden, ihn wenigstens künftig vor
ähnlichen Beleidigungen zu schützen, was dieser
Hauptmann, dessen Truppen als die zügellosesten
im Elsass verschrieen waren, dadurch zu bewerk-
stelligen suchte, dass er gleich am folgenden Tag
in Herlisheim sieben und dreissig Häuser ver-
brannte[1].

So wurde denn von beiden Seiten die Stimmung immer feindlicher und die angeblichen
Vorkämpfer des protestantischen unterdrückten
Glaubens hatten sich nach und nach in wilde
Mordbrenner umgewandelt[2]. Schon Mitte Juli's
war einmal im Strassburger Rath erzählt worden,
es würden von den Söldnern gottlose Reden geführt,
als wie «dass man noch im Bisstumb brennen

---

[1] Culmann, *Geschichte von Bischweiler*, S. 29.

[2] Guitry hatte früher angeboten, dass wenn man einem Strassburger Unrecht gethan und ihn beraubt, so solle man ihn nur
hinausschicken, damit er die Uebelthäter erkenne, dann «wolle er
justitiam regieren lassen.» Und es scheinen wirklich einige be-
herzte Leute (ob mit Erfolg?) das Wagestück versucht zu haben. Jetzt wurden Meiner Herren Söldner selbst angegriffen,
geplündert und die Reiter drohten sie an den Bäume vor die
Stadt zu hängen. Protokolle der XXI, 1.. 31. Juli, 5. August.

wölle, dass die Engel im Himmel die füss an sich ziehen müssten[1] »; dies wurde jetzt zur Wahrheit[2].

Viele Knechte waren auch des ewigen Wartens müde, das Lagerleben im ausgesogenen Lande, das man doch nicht vollständig als Feindesland behandeln durfte, wurde ihnen zu einförmig, und sie liefen weg. Einmal erschien eine Abordnung der deutschen Hauptleute, Georg Weber von Erfurt, Lorenz Rabi und Georg Leuckhardt von Eger, bei Meinen Herren, um sie zu bitten bei den Brücken am Rhein und zu Graffenstaden Wachen anzustellen um die flüchtigen Knechte aufzuhalten und sie zu vermahnen die Musterung zu erwarten. Eine sehr naïve Aufforderung, die nicht weiter beantwortet wurde[3].

Das Merkwürdigste bei Alledem scheint uns

---

[1] Protokolle der XV, 15. Juli.

[2] Auch der einfache, nackte Diebstahl nahm immer mehr über hand und wurde als Geschäft betrieben. Die Marketender kauften Alles was den armen Leuten gestohlen worden, den Soldaten ab, und brachten es in die Stadt. Einmal lässt der Ammeister zwei grosse Fässer voll gestohlenen Guts mit Beschlag belegen, als man sie gerade in dem Stall des Gasthofs zur Blume auspackte; ein andermal wird ein Marketender Samuel Engelmann, aus Strassburg, wegen Ankaufs geraubter Frucht angeklagt, u. s. w. Protokolle der XXI, 10., 21., 24. Juli.

[3] Protokolle der XXI, 14. Juli. Am selben Tage liess Bouillon Meine Herren ersuchen, alle seine Kranken und Verwundeten in ihrem Spital aufzunehmen.

doch noch die Ruhe zu sein, mit der die hohen
kriegführenden Häupter und Feldherren die geplagten elsässischen Stände zu neuen Dienst-
leistungen zu bewegen suchen. Alle Augenblicke
erscheint irgend ein neuer Gesandter von Johann
Casimir, Bouillon, Clervant, um Proviant zu
begehren. Am 17. Juli wird dem Magistrat der
pfalzgräfliche Rath Hieronymus von Witzendorf als
neuer königlich Navarrischer Commissarius vor-
gestellt; am 25. Juli erscheint in derselben Eigenschaft Herr Adam Hans zu Putlitz, um dem Rath
ein Trostschreiben des Pfalzgrafen zu überbringen,
worin er Meinen Herren erzählt, dass auch in
seinem Lande das Kriegsvolk nichts respectirte,
Kisten und Keller aufgebrochen, ja selbst die Steuer-
kassen geplündert habe[1].

Der Monat August schien zuerst die Ereignisse
des Monats Juli in ihrem einförmigen Elend weiter
spinnen zu wollen. Am 6. wurde Wasselnheim
verheert, am 7. Geudertheim, von Rittmeister
Johann Spiegel, bei Nacht geplündert, am 8. durch
400 Pferde Bischheim und Schiltigheim gebrand-
schatzt. Die Strassburger wurden in ihren eigenen
Mauern beinahe gefangen gehalten. Schon hatte
der Rath seinen Söldnern erlauben müssen, auf die

---

[1] Protokolle der XXI, 25. Juli.

raubenden Knechte in der Ruprechtsau Feuer zu
geben; an dem Thore, beim Hochgerichte, lagerten
sie, um die Herein- oder Herausziehenden auszu-
plündern. Den Patriciern wurden ihre Landhäuser
geplündert[1], und am 4. August sogar ein nächtlicher
Angriff gegen die Karthause versucht und unter
grossem Geschrei etliche zwanzig Schüsse gegen
dieselbe abgegeben[2].

Es ist leicht begreiflich, dass Angesichts solcher
Thatsachen, die Lage des französischen Gesandten
Ségur-Pardaillan eine beinahe unhaltbare war, und
dass der mit Vorwürfen bestürmte Mann, der vor
wenigen Wochen dem Rath gesagt, er möchte lieber
todt sein als sie durch den Durchzug der Truppen
leiden sehen[3], sich entschloss, wenn nicht den Tod,
so doch das Weite zu suchen. Er fuhr am 10. August
von Strassburg ab, ohne erst um eine Abschieds-
audienz nachgesucht zu haben, und seinem Collegen,
Herrn Georg d'Averly, die heikle Mission über-
lassend, seine Abreise zu entschuldigen. Er «vale-

---

[1] Protokolle der XXI, 20. Juli. So das Haus der Sturm zu
Northeim.

[2] Protokolle der XII, 5. August. Ja sogar in die Krautenau
sollen sich die Landsknechtweiber geschlichen haben, um die
dorthin geflüchteten Kühe der Landbewohner heimlich zu melken.
Protokolle der XXI, 21. Juli.

[3] Protokolle der XXI, 28. Juni.

dicirte» übrigens Meinen Herren in einem sehr
pathetischen und gewiss auch ehrlich gemeinten
Schreiben, worin er erklärte, der Anblick alles
Jammers und Elends, das aus der Gegenwart des
Navarrischen Kriegsvolkes, wider den ernsten
Willen seines Königs, entstanden, treibe ihn hin-
weg[1].

Mehr Eindruck als die Abreise des machtlosen
Ségur machte wohl auf die Feldherren die Ankunft
der Abgeordneten mehrerer Schweizer Cantone,
welche vom 7-9. August in Strassburg tagten und
erklärten, wenn man den Abzug noch länger ver-
zögere, würden die Eidgenossen ihre Landsleute
zurückrufen[2]. Die Musterung wurde endlich voll-
zogen, zuerst bei den Reitern, dann bei den Schweizern, endlich bei den Landsknechten. Indess zeigte
sich dabei, wie sorglos man bei der Ausrüstung
gewesen. Am 12. August kam Herr von Puttlitz
noch bei Meinen Herren um Abgabe von 800
Hackenbüchsen und 700 langen Spiessen, die zur
Bewaffnung der Truppen fehlten, ein. Die Antwort
des Raths war bejahend und macht in ihrer lakoni-

[1] Siehe den Brief Ségur's an den Magistrat, Beilage III. Der
Brief ist vom 10. August datirt, da die französischen Protestanten
bereits dem Gregorianischen Kalender folgten; nach dem alten Kalender ist Ségur bereits am 1. August verreist.

[2] Strobel, IV, S. 181.

schen Kürze, wie sie das Protokoll verzeichnet,
einen sehr komischen Eindruck. «Erkandt: Hacken
und Spiess uff dem Zeughoff, *so untauglich*, verkauffen[1].» Nicht weniger komisch ist das Bestreben
Aller, beim Aufbruch aus dem Lande noch einmal
ihren Beutel auf Kosten der Reichstadt in anstän-
diger Weise zu füllen. Schon am 5. Juli war Johann
Casimir ein Anleihen von 10,000 Gulden bewilligt
worden; am 1. August musste man ihm wohl oder
übel abermals 20,000 vorstrecken. Darauf meldeten
sich die Zürcher und Basler Obersten zu einem
gleichen Darlehen, und schliesslich kam auch noch
Bouillon um Uebergabe einer runden Reisesumme
gegen Verpfändung seiner Kleinodien ein[2].

So zogen denn am 11. August (styl. vet.) die
Söldnerschaaren aus der Nähe Strassburgs gegen
die Vogesen. Noch bestanden bedeutende Differenzen
über die Marschroute[3], aber Alle fühlten, dass es
endlich Zeit sei zum Handeln.

An der Grenze waren die lothringischen Trup-

---

[1] Protokolle der XXI, 12. August.

[2] Protokolle des XXI, 5. Juli, 1., 3., 9. August.

[3] « M. de Bouillon veult qu'ils passent par Sedan et par la
Champagne, Guitri et Clervant sont d'advis contraire et les veullent
faire passer par la Bourgongne.» Aus einem anonymen, an Joyeuse
gerichteten und aufgefangenen Briefe vom 11. August 1587, wo
auch die «estrangers» als «fort piètres et fort divisés» geschil-
dert werden. Mornay, III, S. 512.

pen in ziemlicher Zahl — 6000 Mann sollten sie
zählen — bei den Vogesenpässen aufgestellt. Seit
Wochen hielten sie diese Stellungen besetzt, waren
auch hie und da in die Ebene gestiegen, hatten sich
bei Molsheim und Mutzig[1], im Hanauer Land, im
Thal von Urbeis gezeigt[2], sogar einmal Bouillon's
Reiter in Steinburg überfallen[3], aber grösseren
Schaden hatten sie nicht angerichtet[4]. Sie stunden
unter dem Befehl des Herrn Africain d'Haussonville,
Baron von Türckenstein und Horn, der mit Clervant
verwandt war und sogar früher einmal auf Seiten
der Protestanten gestanden hatte[5], also keine grosse
Lust zum Schlagen haben konnte. Auch trat nun
Dohna, der rasch vorwärts wollte, gegen Bouillon's
Begehr, mit Karl von Lothringen in Verhandlungen,

---

[1] Der Amtmann zu Herrenstein, Johann Kips, schrieb an
Meine Herren, es seien «bloss einige Wollkämmer (?) gewesen,
die in Kirchheim zwei Seiten Speck erobert.» Protokolle der XXI,
15. Juli.

[2] Protokolle der XXI, 29. Juli.

[3] Mornay, IV, S. 82.

[4] Einmal, gegen den 14. Juli, hatten sie die Bouillonschen
zu Marlenheim so erschreckt, dass dieselben die ganze Nacht
in der Rüstung gehalten und viel Habe nach Strassburg geflüchtet. «Es sein wol ein halbe schilling wegen und Kerch
hereingangen», meldete der Ammeister. Protokolle der XXI,
14. Juli.

[5] Er erscheint, neben Clervant, als Bürge Condé's beim Strassburger Vertrag vom 21. October 1568. Bachmann, op. cit., S. 32.

um von ihm eine Brandschatzung und freien Pass
zu erlangen. Desswegen wurden die Lothringischen
Truppen von der Grenze weggezogen, Zabern im
Vorbeigehen um Proviant angegangen, den es auch
nothgedrungen liefern musste[1], und am 13-15. August zogen die Heerschaaren, über 30,000 Mann
stark, in drei Colonnen, bei der Steige, bei Eckarts-
weiler und St-Johann, über den Wasgau[2]. Am 18.
August konnte der Amtmann von Herrenstein·mel-

---

[1] Dag. Fischer, *Geschichte der Stadt Zabern*, S. 36.

[2] Wir haben oben, nach B. Hertzog, die Namen der Führer
der deutschen Söldner gegeben; ehe wir von dem Navarrischen
Kriegsvolk Abschied nehmen, seien hier auch noch die wichtigsten'
Namen des französischen Contingents, nach unsern Quellen genannt: An der Spitze stand bekanntlich der Herzog von Bouillon;
Chaumont-Guitry, de Cormont, de Montchamière, de Maleroy
und de Saint-Martin waren «maréchaux-de-camp». Isaac de Vau-
dray, Herr von Mouy, befehligte das Fussvolk; unter ihm Cor-
mont de Villeneuve und Rebours; die berittenen Hackenschützen
führten d'Estiveaux, Beaujeau der Sohn, Le Sage, Béthune und
Maurin aus Metz. Der jüngere Bruder Bouillon's, der Graf Jean
de· La Marck, der noch während des Feldzuges starb, führte den
Vortrab mit Villarnoul, George de Bettancourt und Maintray.
Die übrige Reiterei war befehligt von d'Arson, Saint-Léger, de
Chevrolles, Volasseau, Lyrancourt, de Launay, de La Place-
Russy, de Vauciennes, d'Harencourt, u. s. w. Ein besonderer
Kriegsrath war dem jungen Herzog beigegeben; seine wichtigsten
Räthe waren Chaumont-Guitry, Guillaume Stuart de Vezines,
Philippe de Lafin, Herr von Saligny La Nocle und François d'An-
gennes, Herr von Montlouet. Haag, VI. S. 235. — Siehe auch
Thuanus, *loc. cit.*

den, das letzte Volk sei endlich über den Bergen [1].

So war denn das Elsass der unliebsamen Gäste
ledig und es blieb, mit dem Dank für endliche Be-
freiung, noch die angenehme Beschäftigung zurück
die Höhe des erlittenen Schadens festzustellen.
Bereits am 20. August beschloss der Rath von
Strassburg diese Rechnung zur Belehrung der Mit-
und Nachwelt aufsetzen zu lassen, es ist mir aber
leider nicht gelungen sie in dem Stadtarchive wieder aufzufinden [2].

Der Schaden war jedenfalls sehr gross und lastete
schwer auf den Finanzen der kleinen Republik;
aber beinahe noch trauriger als diese materiellen
Verluste war die moralische Einbusse, die das
städtische Regiment in dieser argen Zeit erlitten
hatte. Nicht allein draussen erhoben sich laute
Klagen gegen Meine Herren, die eigenen Bürger

---

[1] Protokolle der XXI, 19. August. Wie sie in Lothringen
haussten, wird man aus dem Briefe des Jacobæus, Beilage V,
ersehen, der versichert, alles was im Elsass geschehen «sey noch
zucker gewesen» im Vergleich zu ihrer Aufführung jenseits der
Berge.

[2] Es fanden sich nur einzelne, unbedeutende Zahlen vor, die
Nebenpunkte betrafen. So wurde den städtischen Pflegereien
589 viertel und 5 Sester Frucht abgeliehen; an Fischen und
Fleisch den Obersten des Heeres für 36 Pfund, 14 schilling und
4 heller geschenkt, nebst 7 Fuder, 13 Ohmen und 20 Mass
Wein. u. s. w. Protokolle der XXI. 21. August.

klagten sie an, an allem Unglück schuld zu sein[1].
Bereits am 12. Juli hatte ein Rathsherr geäussert
« man will haben, wir haben uns das spiel selber
gemacht. » Andere behaupteten « die Herren im
Bruderhoff haben's zuwege gebracht[2] » und besonders von katholischer Seite wurde geradezu als
erwiesen angenommen, dass die Strassburger die
«Welschen» in's Land gerufen hätten, um den
Bischof zu verjagen. Diesen Ansichten und Klagen
nun, so unbegründet sie auch sein mochten, gaben
anonyme Schriftsteller ein mehr oder weniger poe-
tisches Gewand und die so verfertigten Pasquille
wurden in Strassburg nächtlicher Weile an die
Thüren des Münsters und der Kanzlei geheftet.
Nach langem Rathschlagen beschloss der Magistrat
weisslich, «dieweil selbst die Keyserliche Mayestät
dergleichen leiden müsse, soll man's einstellen[3].»

---

[1] So hatten die Bauern von Fegersheim Meine Herren
‹Schelmen› gescholten. Protokolle der XXI, 28. August.

[2] Es sind die protestantischen Domherren des Strassburger
Capitels gemeint, die im Bruderhof wohnten.

[3] Hier die Texte aus den Protokollen der XXI. — 21. August.
‹........Ist das liedlein so Herrn Matthis Weicker übergeben
worden, gelesen. .....Erkandt : Herren sollen aus allen Stuben
geordnet werden mit den Rechtsgelehrten zu bedencken wass in
diesen und dergleichen sachen zu thun, dieses gedichten lidleins
und andrer reden halb.‹ — 28. August. ‹...Ist aber ein schönes
liedlein so des durchzug halben Meinen Herren zu ehren gemacht, gelesen, welches Herr Weicker zur Hand bekhomen, der

Zwar schützten ihn weder seine Proteste, die er
überall anschlagen liess[1], noch seine nothgedrun-
gene Nachsicht gegen den unbekannten Pamphlet-
dichter, vor der Wiederholung dieser Anklagen.
Noch über hundert Jahre später schrieb der Jesui-
tenpater Louis Laguille der Politik der Stadt
Strassburg in jenen Tagen ähnliche Tendenzen zu[2].

erbüttig den Herren die dass ander lied bedencken sollen, denjenigen von dem er's hatt, namhafft zu machen. In der umbfrag
werden underschiedliche fäll angezeigt wie Meine Herren desswegen injuriirt und beschuldigt werden, sonderlich dass ein
burger aussdrücklich gesagt Meine Herrn haben diese geste in's
land geladen. Erkandt: Man soll nicht allein diese liedlin; sondern das gantze werck, sonderlich wass gegen denen von Vegerssheim die Meine Herren schelmen gescholten, wie J. Bœcklin
anzeigt, furzunehmen. » — 23. September. « Herren Kettenheim,
Fuchs, J. Prechter, Rihell, Theurer und der Herr Stattschreyber
referiren dass sie uff empfangenen befehl beisammengewesen, der
schandtliedlein halben, deren gestern das dritt an der münsterthüren
und der cantzley angeschlagen befunden, welche alle wieder gelesen
und findt sich dass das dritt, so gestern angeschlagen gewesen, ein
defension und antwortt uff die vorigen beeden sein soll, vermelden dass sie die drey advocatten bey sich gehabt..... Erkandt:
Dieweil wol höhere, auch die Kayserliche Mayestät selbs dergleichen leiden müssen, soll man's einstellen, könne man den
authoren aber bestimmen, die Meinen Herren übels nachreden,
möge man vermöge der Rechte wider dieselben verfahren.» —
Dieses dritte « schandtliedlein » ist leider verloren gegangen; die
beiden ersten sind wohl die, welche hier zum ersten mal neu
gedruckt folgen.

[1] Strobel, IV, S. 186. Siehe auch, Lied I, Strophe 8.

[2] *Histoire d'Alsace*, II, S. 59., ed. in-fol.

Indess liegt für den unpartheiischen Geschichtsschreiber nicht die geringste Veranlassung vor,
diesen Parteianklagen Glauben zu schenken. Es
ist zu augenscheinlich dass Strassburg bei dem Erscheinen fremder Soldtruppen im Elsass, ob sie
sich nun protestantisch oder katholisch nennen
mochten, viel zu sehr zu leiden haben musste, um
auf so merkwürdige Gedanken zu kommen, wie die
welche ihm in den beiden nun folgenden Gedichten
untergelegt werden[1]. Die «ehrwürdigen, fürsich-
tigen und weisen» Lenker unseres damaligen
strassburgischen Gemeinwesens waren viel zu ver-
nünftige und gewissenhafte Politiker, um dass man
sie, auf so wenig motivirte Weise, mit Göthe's
Zauberlehrling vergleichen dürfte, der verzweifelnd
ausruft :

> « Herr, die Noth ist gross !
> « Die ich rief, die Geister,
> « Werd' ich nun nicht los. »

[1] Damit will ich nicht gesagt haben, dass ich die Klagen der
Dichter über die Leiden der armen Bauern nicht gerechtfertigt
fände. Im Gegentheil; diese Lieder gebe ich gerade desshalb
heraus, weil ihr Inhalt mir culturhistorisch so interessant scheint
und die darin ausgesprochene Stimmung theilweise wie ein ferner
Widerhall aus der Zeit des Bauernkrieges dem Leser entgegen-
tönt.

**Ein schon neu Lied von den durchzug in Undern Elsass
geschehen im lauffenden Monat Junium, Julium
und halb Augustum,
der diebs-krieg sonsten genant worden.
Anno 87.**

1.

Nun aber will ich heben an
Ein lied zu singen ob ich khann,
Von erschrœcklichen dingen
So Strassburg hat gerichtet an,
Gott woll dass unns gelinge,
Ja gelinge.

2.

Zu Strassburg hant's vill pratikhen erdacht
Biss sie vill ketzer ins landt han bracht,
Herrn bischoff wolten sie vertreiben;
Dass wass in der stat ir aller sag,
Ueber iren willen müssen sie in lassen bleiben.

3.

Die Strassburger luden's in's Elsass hinein
Darin finden sie vill frucht und wein
Bey reichen und bey armen,
Dass volkh schlugen sie gar ubell darzue
Dess woll sich Gott erbarmen
   Ja erbarmen.

4.

Die Strassburger handt's gerichtet an
Dass sie so gar schendtlich hauss gehalten han
Mit brennen und mit rauben,
Dass sich den Turckhen woll vergleicht,
Dass solt ir mir woll glauben.

5.

Die Strassburger sein mitgezogen,
Dass ist ia war und nicht erlogen,
Ich sing dass unverhollen,
Sei han manchem redlichen man
Dass sein mit gewalt abgestollen,
   Ja abgestollen.

6.

Die Strassburger brachten die Schweitzer in's felt
Da man solt zallen, da war khein gelt,

Dass that die Schweytzer verdriessen
Dass die inen so gar khein glauben hielten,
Ire dorffer thetens nicht geniessen.

7.

Strassburg schickt ire soldner zu inen hin
Ire dorffer sollen zufrieden sein
Dass wolten sie nicht thuen
Sie namen inen auch ire wehr unnd pferdt
Und schlugen sie darzu,
   Ja darzu.

8.

Zu Strassburg theten sie ein mandat anschlagen
Dass khein mensch bey liebsstraffe solte sagen
Dass sie schuldig daran weren.
Und wen sie schon unsinnig solten werden
So mussen sie es teglich horen,
   Ja horen.

9.

O Strassburg wass hastu gedacht
Dass du das Elsass in so gross armuth hast gebracht!
Dess wirdt dich noch mancher schelten,
Deine Kinder müssen es noch entgelten
Denen alles verbrendt und gestollen.

10.

O Strassburg hetest du es nicht gethan
Und die diebischen Braunschweiger daheim gelan
Wie sie selbs von dir sagen,
Sie theten weder Kirche noch heiligtumb
So gar in stueckhen thuen verschlagen.
Ja verschlagen.

11.

O Strassburg, dass bringt dir ein grossen spott
Wie wiltu's verantworten gegen Gott
Dass du ein so fromen fürsten und Herrn
Der dir sein tag khein leidt hat gethon
Sein landt breyss darfst geben.
Ja geben.

12.

O Strassburg, dir ist es ein blutschand
Dass alles wass sie gestollen handt,
Dass brachten sie dir zu kauffen
Dess muss ietzt mancher eher (?) man [1]
Von haus und hoff entlauffen,
Ja entlauffen.

[1] Soll wohl *ehrlicher* heissen.

13.

O Strassburg, wass soll dass fur ein glauben sein
Dass die bœsewicht so vill herrlichen wein
In den Kellern han lassen lauffen,
Die fass zerhowen und zerschlagen hand,
Den uebrigen aussthuen sauffen,
      Ja sauffen.

14.

O Strassburg, du hast es aussgericht
Dass sie so vill herrliche frucht,
Den rossen geworffen han in die rauffen
Auch haben die Braunschweiger und Hessischen dieb
Das übrige thuen verkhauffen,
      Ja verkhauffen.

15.

O Strassburg in der vill Secten sein,
Der ein ist Evangelisch, der ander Calvin,
Widerteufferisch, khan dir's nicht alsam nennen,
Ich sag fürwar bey meinem eydt :
An deinen Früchten thut man dich kennen,
      Ja khennen.

16.

O Strassburg nimm damit verguett
Gedenk dass manchem der schaden auch wehe thuet,

Ich khans ietzt nicht anders machen.
Unnd wenn es dir ein mal soll übell gan
Man wirdt auch deiner lachen,
   Ja lachen.

17.

Dass liedt sey dir in eyll gemacht,
Darumb Strassburg, dues besser bedacht
Und volg nicht ieden narren
Denen so dir dein wasser verderben
Du wirst sonst nicht lang harren
   Ja harren.

Gedruckt zu Lauffen darvon bey Zabern
Genandt Kirchhanns nirgents bekhandt.

(Archiv des St-Thomas-Stiftes zu Strassburg, Sammelband,
betitelt : Diverses sur l'histoire de l'Eglise et de l'Ecole de
Strasbourg au XVIe siècle, vol. IV, Stück 6.)

Ein Neu Klag Lied der Bauren
In dem Undern Elsass und Kochersperg
über den ietzigen tyrannischen Durchzug
von einem armen verbrenten verdorben Baurenfreund
gedicht.

In thon wie es eim ieden gefellt
Gedruckt zu Lauffen, in 1587 iar
mense Augusto.

1.

Wolauff ir bauren allgemein
Ahn disen erlichen tanz
All die im undern Elsass sein.
Es gilt ein rothen khrantz.
  Wer mit mir will
  An dises spiell,
Der mach sich gefasst bey zeiten.
Lauff, lauff, hast nicht zu reiten.

2.

Wir seindt alsam verlassen leutt
Im Elsass umb und umb,
Schlag drauf dan es ist warlich zeit
Eh dan dass weiter khumbt
 Nim mit die scher,
 Dein bestes wehr,
Karst, flegel, gabel, stangen,
Da darff man gar nicht prangen.

3.

Unss hat verlassen gantz und gar
Die herrschafft in den landen
Bey diser noth und Leibsgefar.
Es ist khein ringe schanden:
 Man nimbt behendt.
 Zinss, güllt und rentt
Von uns sambt andern beschwerden.
Khein hilff mag uns doch werden.

4.

Soll man dan ungelt, steuer und zoll
Auch zehendt gross und klein,
Und wass dergleichen sein gefell
Abnemen der gemein

Und soll davon
Nicht so viel hann
Dass sie wider gewalt wurden verwaret
So inen ietzt widerfaret.

5.

Die frucht verwüst man auf den felt
Die man solt schneiden ein,
Die khriegsleut nehmen uns das gelt
Auch vieh, frucht, bett und wein,
    Gensz, hühner, schmaltz,
    Kess, eyer, salz
Die kerch, sambt pferdt und wagen
Und auch wass sie mogen tragen.

6.

Dass wehr noch alles zu laden[1] woll
Unnd gehet nicht andress zu,
So man ein durchzug haben soll
Da gilt ein lauss ein khue.
    Man ubet gewalt
    An iung und alt
An wolgedachten frauen
Und Magden und iungfrauen.

[1] Soll wohl *leiden* heissen.

7.

So man dan findt khein proviandt
Etwan in losament,
So steckht man darein ein feuer zu handt
Dass es zu boden brendt.
    Damit wird dan
    Mancher armer man
Der sich nicht khan erwehren,
Muess sich des bettels erneren.

8.

Wo bleibt das kriegsrecht dass man solt
Halten guet regiment,
Wo bleibt bezallung und der solt
Den man dahin verwendt?
    Ist alles fehr
    Und gilt nicht mer
Es ist in buech ein posten,
Heisst : Bauer, bezahl den costen.

9.

Strassburg die grosse stat am Rein
An den ein ursach ist,
Unnd will doch gantz unschuldig sein
Hats doch ins werkh gerüst.

Sie hat die gest
In unser nest
Beruffen und beladen,
Wir leiden nun den schaden.

10.

Sie haben aus der statt gefürt
Vier stuckh gar schon gegossen,
Die vormals sein gar offt probiert.
Schon Hacken, klein und grosse.
   Auch khraut und lot,
   Sambt wein und brot
Und wass darzue gehoret,
Trutz wer inen dass wehret.

11.

Gelt haben sie gefürt hinauss
Fünff wegen woll beschwerdt.
Gantz woll geladen überauss,
Jeden zogen vier pferdt.
   Alss in der still,
   Damit nicht vill
Die sachen solten sehen,
Wer villeicht sonst nicht geschehen.

12.

Nicht ieder burger weiss darvon,
Wie man mich dess bericht,
Sonst bliben etlich nicht still stehen,
Sie redten zu der geschicht :
    Wass nutz dass schafft.
    Der Burgerschafft,
Dass wirdt sich baldt empfinden
In iren weib und kinden.

13.

Die burger schinden uns im landt
Und fressen unss schier gar,
Von burgern nimbts der rath zu landt
Dass doch vor unser war.
    Was nur der bauer
    Gewindt sauer
Dass muss die statt alss fressen.
Dass bleibt uns unvergessen.

14.

Mit dem ist's alles nicht genueg
Sie machen unns darzue
Doch alles wider recht und fueg
Die ietzige gross unrue.

Darin wir seindt
Mit weib und kindt
Verstrickt biss über die ohren,
Dass heisst uns würcklich[1] geschoren.

15.

Wan nun der zeit auch kommt herbey
Dass man die gulten begert
So sagen wir ganz rundt und frey
Dass wir von diser beschwerdt
Handt recht und fueg
Mehr den genueg
In Strassburg nichts zu geben
Von Halmen und den Reben,

16.

So lang und vill bis dass wir handt
Den schaden abgeleget
Und biss kheiner mer auf dem landt
Desshalben sich beclagt,
Auch biss durchauss
Ein iedes hauss
Wie forhin wirt aufgebauen,
Dass sollen sie unns vertrauen.

---

[1] So habe ich das in der Handschrift undeutliche Wort ergänzt.

17.

Strassburg soll uns für den verlust
Mehr dan genuegsam sein
Dieweil wir haben in der faust
An fruchten und an wein
 Dass wir dass gestollen
 Machen bezallen
Dass geringst soll iuclit (?) böss werden
Ahn allen unsern beschwerden.

18.

Dan gleiche burdt niemand beschweret
Wie man gemeiniglich saget,
Unbilliches niemandt begeret
Dan wass den schaden claget
 Den uns die stadt
 Uffgeladen hat,
Den soll sie helfen tragen
Und schön[1] wort darzu sagen.

19.

Der feindt gehet bey inen auss und ein
Mit hauffen alle tag,

[1] In der Handschrift steht *schein*.

Man schenkht inen habern, fisch und wein
Wie man den fürsten pflage.
 Man fürt sie n'aus
 Auch in's zeughauss,
Und thuet inen gesellschaft leisten,
Den geringsten als den meisten.

20.

Es wirdt inen guet thuen ia wie lang
Biss sich der Burger rott
Und macht niem selber ein anfang
Zu rechen dise that.
 Da der bauresmann
 Wol helffen khan
Mit ganzen hellen hauffen,
Zu hilff müssen sie auch lauffen.

21.

Dass ich das liedt von Strassburg der stadt
Gemacht hab' mit gantzer lust,
Die noth mich dartzu gedruwen hat
Dan der ietzige verlust
 Ist wie man thuet
 Für Lachen guet
Unnd ist, wie ich muss iehen
Aus keinem bösen geschehen.

22.

Her, her, ir bauren allgemein
Zu diesen welschen tanz
All die ir in undern Elsass sein
Es gelt ein rothen khrantz.
    Wer mit mir will
    In disen spill,
Der mach sich gefasst bey zeiten,
Lauff, lauff, hast nicht zu reiten.

Gestellt
durch Georg Hannenbein Schreiber zu
Murmmenheim, am Kochersperg.

(Archiv des St-Thomas-Stiftes, aus demselben Sammelbande wie
das vorige Gedicht.)

I.

**Brief des Bischofs Joh. von Manderscheidt
an den Magistrat von Strassburg.**

Von Gottes Gnaden Johann Bischoff zue Strassburg und Landtgrave zu Elsass

Unser freundtlich gruss. Ersam, weise, liebe,
getreuwen und besondere guthe freundt. Demnach
die vornembste Staendt beeder dieser Ellsaessi-
schen bezirckh bei unss sowol von wegen irer auff
sich genomener relation und zuruckbringen ir er-
klaerung alls auch von wegen vorkhomenen Zeitungen der gefehrlichen und geschwinden hin- und
wider schwebenden Kriegspracticken dieser Land-
und Benachbarschafften notturfft erachten dass
man mit ehistem zusamenkheme und von einer
Landtversicherungsordnung tractieren und handeln
solt. Und wie unns denn gemeinem Wesen zum
besten, und was derwegen diesen landen zu gu-
them greichen mag, nit zu wider sein lassen, son-

dern dasselbige Unsers theils so viel müglich zu
befürdern geneigt, So haben wir solche begerte
beschreibung nit zu verweigern gewusst, Ernennen
demnach zu ausschreibung solcher beikunfft Montag nach Trinitatis, dem Reformirten, so der 15
dieses dem alten Calender nach sein wurt, gehen
Schletstatt gegen abendt einzukhomen, und vol-
genden tag zu feuertagzeit solches anzuhoeren,
auch was diesen beiden elsaessischen bezircken
und gemeinen benachbarten stenden und allerseits
underthanen zu gutem gereichen mag, In berahtschlagung zu ziehen unnd vorzunemmen. Und dieweil wir dann nit zweiffeln Ir werden nit weniger
dasselbige Eures theils auch zu befürderen geneigt
sein, so ist unser gnedig freundt- und nachbarlich
begeren Ir wollen die ewrigen darzu mit gnugsamen
gewaldt abordnen, dass gereicht allerseits zum
besten. Unndt wir seindt euch zu gnedigen freundt-
und nachbarlichem willen woll geneigt.

Geben Zabern den 12 Maii anno 87.

Den ersamen, weisen, unsern lieben getrewen
und besondern guthen freunden, Meister und
Rhaett der Statt Strassburg.

(Stadt-Archiv von Strassburg, Serie AA, ad annum 1587.)

II.

Instruction

Was unser Meister und Rhats der Statt Strassburg
gesandte, unsere liebe mitgeheime Rhatsfreund, der
edel und vest Hans Philips von Kettenheim unnser
alter Stettmeister, der ehrenvest, fürsichtig und weiss
Herr Wolffgang Schötterlin alter ammeister, zusampt
Paulo Hochfeldern unserm Syndico, bey der uff den
15 diss gehn Schlettstatt aussgeschriebenen versam-
lung der stœnd beeder Ellsässischen Bezirk handlen
und verrichten sollen.

Nach abgehörter proposition sollen sie anzeigen,
nachdem disser tag von dem herrn Bischoff zu
Strassburg abermaln dem alten üblichen herkommen ungemäss ussgeschriben, nitt allein in dem dass
er nitt, wie von alter her breuchig gewesen, in die
statt Strassburg gelegt, sondern auch fürnemlich
in dem das weder die vollkomne proposition, noch
andere ursachen warumb die ständ zusamen erfordert werden solten, uns communicirt oder unser
bedencken darüber begert und eingenommen, wie
hievor allwegen geschehen, da uns von Ihren Fürstl.
Gn. nitt allein die ursachen warumb sie einen landtag ausszuschreiben nöttig achten, sondern auch
was sie den ständen proponiren zu lassen bedacht,
uns zeittlich communicirt, unser bedencken ob und
was wir dabey ferner den ständen fürzubringen

nottwendig oder rhatsam erachten möchten, erfordert, und desswegen sich mitt uns nachbarlich zu
underreden und zu vergleichen begert

Welches aber ietzt auss ursachen uns ohnbewusst
gentzlich underlassen worden

So hetten wir rechtmessige ursachen genug gehabt solche dem herkommen ungemäss angestellte
versamlung unsers theils ohnbesucht zu lassen.

Damitt aber dannoch gemeine Ständ und furnem-
lich die erbaren Stätt spüren mögen dass wir zu
befürderung gemeiner wolfart, erhaltung friedlichen
wesens und nachbarlichen guttem vertrawens bey
uns nichts begeren erwinden zu lassen,

So hetten wir mitt aussdrückenlicher zierlicher
protestation das wir hochermelten herren Bischoffen
durch disses unser Erscheinen in ernennung und
aussschreibung solcher landttäg dem vorangeregten
unverdencklichen herkomen zu nachtheil das wenigste nitt wolten eingeraumbt haben, ungeachtet
anderer eben ietziger zeit ingefallner unserer statt
sachen und gescheft, sie unsere mittgeheime Rhatsfreund und alte Stett- und Ammeister abgeferttigt,
mit bevelch anzuhören was proponirt werden wolt,
in dem gemeinen wesen und wohlstandt zum besten
aller gepür sich zu verhalten.

Wenn dann hernach zu berahtschlagung und
tractation eines oder des andern proponirten punc-

ten geschritten werden will, sollen unsre abgesandte vermelden, dieweil wir auss dem general-
aussschreiben das wenigste nitt vernemnen können
worauf die angedeutte landtsversicherungsordnung
möchte wöllen gerichtet werden, so hetten sie auch
desswegen einigen bevelch von uns nitt empfangen
in ettwas zu willigen oder etwas schliesslich zu
handlen sonder allein alle handlung anzuhören, uns
dessen zu gebürlichen zu oder abschreiben zu berichten, dieweil es bey disser statt nitt herkommeu
einichen befehl zu schliesslicher oder bündlicher
handlung zu geben, da man nitt zuvor der puncten
darüber die tractation angestelt, notturftig und in
specie berichtet.

Da dan durch eines oder des andern Standts
gsandte handlungen oder sachen proponirt würden,
daran unserer wolherbrachten reputation und
glimpfs halben gelegen sein möchte, sollen unsere
verordnette bevelch haben mitt notturftigem bericht
gepürender, warhaffter ablehnung oder verantwort-
tung das zu handeln, das sie ihrem beywohnenden
verstandt nach uns und gemeiner disser statt am
nottwendigsten, rhümlichsten und nützlichsten erachten werden, dazu sie sich auss unserer Cantzley
mitt nottwendigem bericht, fürnemlich der Thum-
herren hoher Stifft widerwerttigen handlungen halb
gefasst machen sollen.

7

Ferner sollen unsere gesandte auch nit underlassen wann sie des gelegenheit haben, gemeiner
ständ gesandten fürzubringen was hochermelter
Bischoff mit arrestirung, versecretirung, eigenthätt-
licher einziehung und sperrung aller unseres burgers
Martin Hartmanes haab und gütter, fahreuder und
ligender, nichts aussgenommen, newlicher tagen
fürgenommen, in massen er, Hartmann, sollichs in
zwo schrifften uns supplicando fürgebracht, was
auch wir S. Fürstl. Gn. darauff zugeschriben, und
sie umb abschaffung solcher unnachbarlichen thätt-
lichkeit nachbarlich ersucht, auch dagegen uns
erbotten, alles zu dem end, damitt gemeiner ständ
gsandte für sich erkennen und auch Ihren herren
und oberen referiren können mit was unnachbarlichen handlungen, wir und die unsern täglich von
S. Fürstl. Gnaden angefochten werden, damit was
künfftig ferner ervolge, gemeine ständ den anfang
wüssen und wir aller ungepürlichen beschuldi-
gungen desto besser uns entschütten mögen.

Was dann allenthalben sich begibt und ervolgt
dessen werden unsre abgeordnette uns fleissige ge-
pürende relation zu thun wüssen.

Geben Mittwoch den 10ten Maii Anno 1587.

P. Hochfelder.

(Stadtarchiv von Strassburg, Serie AA. ad annum 1587).

III

Lettre de M. de Ségur-Pardaillan, envoyé de Henri de Navarre, au Magistrat de Strasbourg[1].

A Messieurs

Messieurs les Seigneurs de la ville de Strasbourg.

Messieurs, je n'ay voulu ni deu partir de vostre ville sans prendre congé de vous. Je l'eusse volontiers prins de bouche, mais j'ay esté pressé. Vous entendrez les raisons de mon partement si soudain par M. d'Averli. En un mot, c'est que, ne pouvant apporter remede aux desordres qui se font et commettent tous les jours icy autour, contre l'intention et expresse volonté du Roy de Navarre, ni empescher le cours des maux que je prevoy, je n'ay aussi voulu estre plus longuement spectateur de ce à quoy je ne puis seulement songer sans douleur, ni auctorizer de ma presence, ce que je sçay estre contre la volonté et service de mon Maistre, lequel je vous

---

[1] Dieser Brief, so wie der folgende, sind bereits von Kentzinger (Documents I, S. 106) mitgetheilt; sie sind nochmals nach den Originalien im Strassburger Stadtarchiv collationirt und berichtigt worden.

suplie croire estre tellement affectionné à vous,
Messieurs, et à vostre Estat, qu'il entendra les dis-
cours des choses cy passées avec un regret in-
croyable, et taschera par tous bons moyens de
monstrer à tout le monde et particulièrement à vous,
Messieurs, combien il a à contrecœur tels desbor-
bordements, et combien les desgasts faits en vos
terres luy sont desagreables. De ma part je les ay
en telle horreur qu'ilz me chassent d'icy; emportant
toutesfois avec moi la memoire de vostre hospitalité
et courtoisie, par laquelle je vous suis et demeureray
tousiours, tant en général qu'en particulier, ami et
serviteur : qui prie Dieu vouloir conserver vostre
Estat tres longuement et heureusement, et vous
donner, Messieurs, tres heureuse et longue vie. De
vostre ville de Strasbourg, ce x.ᵉ Aoust 1587.

Vostre tres afectionné ami à vous faire service

SÉGUR-PARDEILHAN.

IV.

Lettre de Henri de Navarre au Magistrat de Strasbourg.

Aux Magnificques Seigneurs, Messieurs les Ammestres,
Stettmaistres et Conseil de la ville et republicque de
Strasburg.

Magnificques Seigneurs, ayant entendu à nostre
tres grand regret les dommages et incommoditez
que vous avez souffert au passage de l'armée qui
auroit esté levée au moys de Juillet dernier passé,
en Allemagne et en Suisse, pour le secours des
Eglises que Dieu a recueillies en ce royaulme, et
pour la deffence de l'Estat d'icelluy contre les ennemys du bien de la France et repos de toute la crestienté ; depeschant le S^r. de Reau, l'un de noz con-
seillers et chambellans, en Suisse et Allemaigne,
nous lui avons commandé aussi de passer vers
vous, pour faire entendre le desplaisir que nous
avons receu des desordres commis par ladicte armée
en voz terres et pays, lesquels nous desirons repa-
rer autant qu'il nous sera possible, tant pource que
le debvoir d'un prince crestien nous y oblige, que
pour vous tesmoigner l'affection sincere que nous

avons tousiours portée au bien de vostre Estat, et
l'obligation que desirons recongnoistre de tant d'a-
mitié et bienveillance que nos ambassadeurs et
ministres reçoivent ordinairement de vous, dont
nous avons esté deuement advertiz et informez par
eulx, et mesmes par le S.ʳ de Segur, nostre ambas-
sadeur ordinaire en Allemagne ; et partant vous
nous ferez tres grand plaisir d'informer bien par-
ticulierement ledict S.ʳ de Reau desdicts desordres
et de tout ce qui s'est passé en voz pays, ensemble
ce que jugerez pour l'amandement en debvoir de-
sirer de nostre part, avecq asseurance que nous ne
mancquerons de vous en donner tout le contente-
ment raisonnable qui sera en nostre puissance :
vous pryant tres instamment de ne nous en attri-
buer la coulpe, ains aux auctheurs de ceste malheu-
reuse guerre, desquelz l'ambition est telle que pour
l'assouvir ils ne feignent pas d'embraser toute la
crestienté. Je vous prye de croyre ledict S.ʳ de Reau
comme moy mesme, lequel vous informera de
l'estat de noz affaires, qui vous sont aussi com-
munes entant que nous sommes unis en une mesme
foy et religion, pour la deffence de laquelle nous
sommes assaillis tant ouvertement que par secrette
praticque , dont vous avez à vous garder et de
mesmes ennemys. Conservez nous donc à vostre
amitié et bonne volonté, laquelle, s'il plaist à Dieu

nous retirer des extremitez ausquelles nous sommes
à present pour la deffence d'une si juste querelle,
nous recongnoistrons en toutes occasions que nous
en vouldrez presenter, de tout nostre cœur et affection : et à tant, magnificques Seigneurs, je prye
Dieu de vous tenir en sa tres saincte et digne garde.

A Nerac, ce xxv.º Decembre 1587.

Vostre tres afectyoné amy à vous fere plesyr.

HENRY.

(Strassburger Stadtarchiv, Serie AA, ad annum 1587.)

V.

Brief des städtischen Correspondenten Jacobäus an den Strassburger Stadtsyndikus Paul Hochfelder.

Mein guttwillige dienst und gruss mit wün-
schung bestendiger wollfahrt, seindt euch allwegen
zuvorn. Ehrenvester, hochgelarter, sonders güns-
tiger herr und freundtt, Ich habe nun etzliche zeit
euch zu schreyben underlassen, hatt auch dasselbige wegen disen beschwerlichen durchzügen nicht
beschehen khennen. Nun hoffe ich aber fürthan
unserer vormals zusammen gehabter übung nach-
zusetzen. Khan euch dissmals von ewerm process
nichts schreyben aber wie es mit des navarrischen
Kriegsvolcks durzug alherumb unss abgangen, will
ich euch khürtzlich vermelden.

Disen morgen ist der hauffen von Gerbewyler
bey Lienstatt auffgebrochen nachher Bayon und
Charmes am Pass der Mosell furtgerückt: alda
lasset sich nicht ansehen dass ein grosser wider-

standt geschehen soll, wan man die præterita er-
wegen will, zu dem man auch von einem concordat
zwischen der Fürstl. Durchlautt und dem hauffen
sehr reden thutt, und sagt man dass man 200,000
Kronen abfordert, das die F. D. im landt die religion freylasse, den religionsverwandten die gutter
restituirt und von der Santa Liga abstehe. Zeit
würdtt geben wie man sich deswegen würdtt vergleichen mögen. Aber der krieg würdtt, seithero
man den lottringischen boden erreicht, auff das
grewlichst mit brennen, rauben, und sonst geübt.
Im Elsass ist es gegen solche verfahrung allein
zucker gewesen. Der hauff ist so gross das, wie
ich sehe und ich vom Herrn von Dhonna veldto-
bristen über die reittern und landtsknecht und andern heuptern selbst vernommen, man das Kriegsvolck nicht regieren khan, wenig respect und
obedientz bey Ihnen. Habe es woll vernommen,
dan ohn angesehen der von Bouillon, berürter Herr
von Dhonna und andere mehr mihr gar willfährige
antwurtt geben, als ich sie umb restituirung 700
oder 800 stück rindtviehes und 200 oder 300 pferden, die das Kriegsvolck den unsern abgetriben,
ist der zwölfttheyll nicht widerumb geluffert worden, zudem nicht anderst dan mediantibus illis.
Also bey disem wesen gilt dem freundtt und feindtt
gleich. Sie sagen dass der könig von Navarra

ernstlichen bevelch geben in Lottringen auff das
schärpffste den krieg zu führen, alda seye die
Santa Liga gespunnen und gemacht, da müsste sie
auch gedempfft werden, sie seyen seithero 2 und 3
Jahren von ihren heussern und güttern abgestos-
sen, was sie nun bekhommen mögen, höre ihnen
zu iure belli. Ich halte darfür dass seithero sondag
verloffenen, in der vorstat Blanckenburg (die sauber
abbrandt und 2 heusser allein übrig) und in 30
anstössenden Dörffern auff's wenigest 450 heusern
hinweggebrandt, über die 20,000 stuck rindtvichs
und 6000 pferden den armen leutten hin und wider
abgenommen seyen. Wie Sarburg sich ergeben
hapt Ihr albereit vernommen. Sondag vergangen
ist man in die vorstätte Blanckenburg ankhommen,
den montag da stillgelegen, die 400 schützen so
darin gewesen, haben sich woll gewehrt, den Navarrischen uber 25 personen geschossen, die artil-
larey hatt da nichts gethan. Am dinstag ist man
gen Ongiwyler (ein hüpscher flecken und ein gross
vest schloss dem von Hauray und Rheingraven
zugehörig) gerückt; im hauss seindt 17 schützen,
die von Ihrer F. D. dahin gesandtt, gewesen. Die
haben dem Obersten Dhillmann und Malleroy, als
man öffnung begert, stoltz geantwortett; sollichs
hatt alsbald ursach geben 4 carthaünen und 4 veld-
schlangen darvor zu rucken, 8 schuss gethan und

alsbald haben sich berürte soldaten ergeben, der
weybel der ir haupt gewesen, ist am thor gehenckt
worden, der vorhoff in welchem uber 1200 stuck
rindtvichs, 600 pferden, der armen leutten güttere
und victualien gewesen, ist den Schweitzern zum
raub worden. Der von Clervant hatt darnach
4 hauptleutten in die vestung zur guardi gelegt,
welche mit den Ihrigen unter dem schein victualia
zu suchen das beste hin und wider auss Kästen ge-
sucht und mitgenommen. Schloss und flecken
seindtt in grosser gefahr des fewrs gestanden. Als
ich sollichs in der nacht vernommen, bin ich morgens dahin gereyset, verehrung mitgenommen, bey
dem von Bouillon, Clervant und Schweitzerobristen
mit allerhandt remonstrationes intercedirt und
darfur gebetten, die sich ganz gnädig und willfäh-
rig vernehmen lassen und im läger, bey verlust des
lebens das fewer verbieten lassen, ist auch also
gehalten worden. Mittewoch vergangen hatt Mons.
de Row (Rony?), La Routte und andere dem
obersten Buch-im quartier bey der nacht einen
lermen gemacht, alda Buch alsbald fertig machen,
ins veldt gerückt, der Lottringischen auff die 50
niderlegt, etliche in der Saar bliben, der seinen
auff 10 personen verlustigt und 2 geschossene.
Sollichs khundte ich euch dissmall in eyll nicht
verhalten, unss alle Gott dem Herrn bevelchende.

Datum Baltzwyler (Pfaltzweyer?) den 27 Augusti
Anno 87 stylo veteri.

Ewer dienstwilliger

N. Jacobæus.

Wœllet prima commoditate
mich berichten nach dem H.
Isaac Wycker nit mehr vorhanden, an wen ich auff dem Visch-
markt meine brieven adressiren
khundt.

Clarissimo viro Domino Paulo Hochfelder, Syndico et Archigrammateo Argentinensi.

(Strassburger Stadtarchiv, Serie AA, ad annum 1587.)

VI.

Auszug aus der ungedruckten Strassburger Chronik, von Stædel.

Von dem Navarrischen Kriegsvolckh so anno 1587 inn Franckreich gezogen, der Schweitzerkrieg genandt[1].

«.....Darob (über der Nachfolge zum Throne) erhub sich ein grosser Krieg in Frankreich, also dass man beederseits zu den waffen grieffe. Die Religionsverwanthen brachten ein starck Kriegs-volckh uff sechss taussent pferd und ein regiment teutscher Knecht auff. Alss es sich aber mit dem anzug lang verweilete und ohne dass im Elsass grosser mangel an proviand was, schantzten die

---

[1] Dieses Bruchstück ist einer Handschrift der Strassburger Stadtbibliothek entnommen, welche aus dem siebenzehnten Jahrhundert stammt und aus einer Reihe älterer Chroniken, vor Allem natürlich aus Kœnigshoven, zusammengestellt ist. Die letzten verzeichneten Begebenheiten gehören zum Jahre 1655 und ich habe mir erlaubt zu näherer Beschreibung des Manuscripts demselben den Namen der Stædelschen Chronik zu geben, da es dieser bekannten Strassburger Familie gehört zu haben scheint. Das vorliegende Fragment hat an sich geringes Interesse, da es beinahe wörtlich mit Bernhard Herzog's Erzählung (S. 226-228) übereinstimmt, der hier dieselben Aufzeichnungen benutzt haben muss. Sonst aber ist unsere Handschrift nicht ohne Werth, da sie Ueberreste aus Chroniken giebt, die bei dem Brande von 1870 zu Grunde gegangen sind, so z. B. fol. 466 aus derjenigen des Schaffners zum alten St-Peter, Balthasar Kogmann, aus der nie etwas gedruckt wurde.

Bullionischen sich zu Marlen und Steinberg bey
Elsass-Zabern ein.

Inn miettels hatte hertzog Carol von Lothringen
so dem Kœnig und haus Guisen zugethan auch
aller erst zu Nantze den 22 Martii 1587 ein scharpff
mandat wider die Religionsverwanthen aussgehen
lassen, dass sie von stund an auss Ihr Fürstl.
Durchlaucht Landen weichen und nimmermehr
darein komen sollten, welcher sich finden liess,
solte gefænklich eingezogen und sein haab, leib
und gutt verfallen sein.

Der samblet auch ein Kriegsvolck, musteret auch
sein landvolckh und liess die steig bey Elsass-
Zabern verhawen, besetzt Pfaltzburg, so er von
hertzog Georg Hanssen pfaltzgraffen pfandesweisse
inn hatte, dergleichen Kauffmann's Sarburg, Blanckenburg und Lienstadt.

Als sich nun die musterung im Elsass auch lang
verzoge, machte sich der hertzog von Guisa, auch
der hertzog von Lothringen mit welschem Kriegs-
volckh, auch teutschen Pferden, gefasst im namen
dess Kœniges, in meinung solches teutsch Krieges-
volckh, das es nicht zum Kœnig von Navarra
stossen kœnne zu behindern, wie dan auch beschehen.

Inn mittelss zogen die Schweitzér deren uff vier
und fünffzig fendlin gewesen sein sollen, auch

herzu, lagen also uff zwen monat im Elsass unge-
mustert still, trieben mit rauben, blündern und
brennen grossen schaden, haben in keinem dorff
da sie gelegen, fenster, offen, laden oder thuren
gantz gelassen.

Der Schweitzer obersten waren herr Frantz von
Clerova, und der herr von Malta über 40 fendlin.
Tielmann N. was oberster über 14 fendlin Zürcher.

Diesse Schweitzer lagen erstlich zu Kogenheim
uff drey meilen obwendig Strassburg, da gieng ine
fewer auff, das wurde eingelegt. Hernach zogen sie
auff Meistertzheim; als sie sich daselbst lægerten
giengen uff einmal vier fewer nff. Alss sie nun
allenthalben brandhalben weichen mussten, haben
sie beschlossen nit mehr in den dœrffern, sondern
in freyem feld zu liegen. Es haben auch damals die
Schweitzer ein protestation stellen und publicieren
lassen, darinnen wurd gemeldt dass sie sich wieder
den Kœnig in Franckreich nit gebrauchen liessen,
sondern wieder dieienigen ausszogen so den Kœnig
auss Fránckreich dahin vermœchten dass er den
uffgerichten bundt und frieden der religion nit hielte.

Alss nun reuter und knecht gemustert worden
haben sie der stadt auch bischoffes zu Strassburg
und andrer benachbarten underthanen dahin vermocht dass sie haben helfen müssen die verfallene
Zaberer steig raumen. Seind also über das gebürg

uff Pfaltzburg, von dannen nach Kauffmanns Sarburg gezogen, beede orte eingenommen, aber
Blankenburg haben sie lassen bleiben, daselbst die
vorstadt verbrannt und fortgezogen.

Die Bullionischen haben den fürzug gehabt, auff
dieselbigen gefolget die Schweitzer, hernach die
teutschen Knecht und letztlich der reissig zeugh.
Die Fussknecht seind in der Wantzenau undt Wie-
hersheim zum thurm gelegen, kein proviand gehabt,
darum sie wie die reuter im Elsass viel dœrffer geplündert und angezündét. Insonderheit haben die
Knecht Hanhoffen so dem herren von Schœnberg
zustændig gewesen, geplündert und angestossen,
darumb er Johann Klodten zu sich gefordert, der
hatt sich mit seinen reuttern in das Dorff Herrliss-
heim gelægert, welches sein gesindte ohn auffzugh
angestossen und verbrendt.

Gedachter Johan Klodt, alss er zuvor zu Gün-
stædt lage, plünderte sein gesindt die dœrffer
Spachbach und Oberndorff, fielen in Griessbach,
namen und raubten die gantze herd viehe den
armen leuten und hatt keines obersten gesindte
mehr schaden im Elsass gethan dann Johan Klodten.

Seiner rittmeister einer, Johan Spiegel, so zu
Miettelhaussen gelegen, ist bey nacht in das dorff
Geydertheim gefallen und solches geplündert.

Als nun dieses Kriegsvolckh durch Lothringen
geführt worden.....

VII.

Auszug aus der ungedruckten Strassburgischen Chronik des Oseas Schadæus.

Appendix fol. 4. Da man zalt 1587 lag das Franzœsisch und Deutsch Kriegsvolck welches für den Kœnig von Navara geworben war auff 30000 starckh von 23 Junii an biss auff den 14 Augusti im Elsass und thaten grossen schaden mit rauben und brennen, wurden aber næchsten November in Franckreich überfallen und ubel geschlagen. Siehe folio hernach 9 weiter.

Appendix fol. 7. Anno 1587 den 15 Julii in der nacht ging ein brunst auff in des iungen Lienert Graven hinderhauss, unter der grossen Erbeslauben, das bracht den leuten grossen schrecken weil das Navarrisch Kriegsvolck eben damals im land lag, wie fol. 4 zu sehen.

Appendix fol. 9. Oben folio 4 gemelt Kriegsvolck belangent so kam der Hertzog von Bouilon erstlich mit dem welschen Kriegsvolck in das land und lægert sich bey Marlenheim, darnach ward das geworben Deutsch regiment fussvolck allgemach umb Wantzenaw, Killstett und den dœrffern daselbst um-

8

her angericht, dessen oberster war Georg Assmus
Schregel, das Berner, Zürcher und Bassler regiment sampt vier obersten, zogen am gebürg herab
mit dem herrn von Clervant. Diese lægerten sich zu
Meystersheim und da umb her in den dœrffern an
der Scheer. In mittels kam auch der freyherr von
Dhona mit den reuttern, legt sich gehn Quatzenheim, die Arckeley hatt ir quartir zu Schnerzheim.
Diss volck that, wie oben gemelt, grossen schaden
mit rauben und anderm mutwillen, schniten die
frucht ab und wass sie nit auffheben kunten, ver-
wüsten sie doch und durchstreifften das gantz land
biss sie endlich gemustert und den 13 Augusti auff
30,000 starck über den Zabern Steg in Lothringen
zogen[1].»

---

[1] Diese Handschrift der Strassburger Stadtbibliothek, trägt auf
dem ersten Blatt die Worte : « Sum M. Oseæ Schadaei, Argentinen-
sis, Diaconi ad D. Petri Seniorem, 1614.» Ich habe sie daher, der
Kürze halber « Chronik des Schadæus » genannt. Zum Jahr 1587
hat sie im Haupttheil (fol. 276) nichts als den Namen des regie-
renden Ammeisters.

VIII.

Der Navarrisch Zug.

Anno 1587 ging ein Zug inn Frankreich für den kœnig von Navarra unnd sammelte sich das kriegsvolck inn dissem landt. Der hertzog von Bouillon kam erstlich an umb den drey und zwentzigsten tag Junii mitt seinem welschen kriegsvolck, legt sich inn Marlen, des anzugs zu erwarten. Darnach ward das geworben teutsch regiment fussvolck umb Wantzenaw, Killstett unnd inn umbligenden dœrffern allgemach gerichtet, darüber war oberster Geörg Asmus Schregel. Das Berner, Zürcher unnd Bassler Regiment, sambt ihren obersten Tilman, Kriech und Ryhinern zog oben am gebirg herab mitt dem herren von Clervant, legert sich zu Meistertzheim unnd inn umbligenden dœrffern an der Scher. Inn mittels kam der freiherr von Dohna auch mit den reytern, legt sich gehn Quatzenheim, die

---

[1] Diese der Universitäts- und Landes-Bibliothek gehörige Handschrift ist bereits, so weit der Text derselben nicht eine blosse Abschrift Kœnigshovens enthält, von mir veröffentlicht worden. Siehe *La Chronique Strasbourgeoise de Jean-Jacques Meyer, l'un des continuateurs de Kœnigshoven.* Strasbourg, 1873, p. 115.

arckelly hatte ihr quartier zu Schnerzheim. Unnd
nachdem sy also bey sieben wochen inn dissem
landt lagen, ehe dann sy zum theil gemustert unnd
sonst zum anzug fertig wurden, thæten sy mitt
rauben, plündern, unnd brennen grossen schaden,
verhinderten die erndt, das sy nitt mœchte einge-
bracht werden, schnitten die frucht im feldt ab,
unnd was sy nitt mœchten uffheben, das verwüs-
teten sy, durchstreifften das landt hien unnd hær,
und wo sy hienkamen, thæten sy dem armen baurs-
volck grossen überdrang. Endtlich zog der gantz
hauffen mitteinander uff dreyssig tausent starck,
den dreytzehenden Augusti widerumb auss dissem
landt, über die Zabersteig hinein inn Lottringen
unnd volgendts inn Frankreich, da wurden sy letztlich zu Auneau getrennt und geschlagen.

IX.

Mémoires

de tout ce qui s'est faict et passé en l'armée du roy de Navarre, composée de Reystres, lansquenets, Suisses et François, depuis le 23 juin jusqu'au 13 décembre 1587.

Le service de Dieu et de la couronne de France, et l'affection à la maison de Bourbon ont incité le duc de Bouillon à entretenir quelques gens de guerre en ses places assaillies de la Ligue.

Le dit sieur duc feut sollicité du roy de Navarre et de la noblesse françoise, d'aller en Allemaigne avec le plus de force qu'il pourroit, pour haster les Reystres, qui, avec leur longueur naturelle, faisaient difficulté de partir qu'ils n'eussent le seigneur de Chastillon avec quatre mille arquebusiers, selon la capitulation.

L'arrivée du dict sieur duc au pays d'Alsacie a esté cause que les Reystres, Suisses et lansquenets se sont assemblés, et les François tant du costé de Genève que Montbelliard et ailleurs, retirés et joincts ensemble.

La monstre des Suisses et lansquenets se fait ung peu apprès celle des Reystres; durant lequel temps quelques trouppes de Lorrains veinrent tascher d'enlever le logis de Steimberg [1], qui estoit comme reserve et magazin des François : là feurent tués quelques ungs, tant d'ung costé que d'aultre.

Cependant se présenta une difficulté : à sçavoir qui seroit chef de ceste armée. Le duc Cazimir offre et veult que le baron d'Okhne soit chef et général. La noblesse françoise demanda ung prince allemand ou ung françois.

Là dessus entreviennent des lettres du roy de Navarre, par lesquelles on cognoist qu'il veult et entend que le duc de Bouillon soit chef, en attendant ung prince du sang.

Deux gentilshommes, le sieur de Beauchamp, qui venoit de la part du roy de Navarre, et le sieur de Mesnillet sont envoyez vers le duc Cazimir pour lui faire entendre la volonté du roy de Navarre, auxquels il faict réponse fort froide, disant que la capitulation portoit qu'il seroit chef lui mesmes, ou celui qu'il nommeroit, sans aultrement le qualifier : toutesfois qu'il remettoit telle élection au baron d'Okhne et aux colonnels et gentilshommes allemands de l'armée.

---

[1] Soll *Steinburg* heissen.

La response de ceste assemblée feut envoyée au dict sieur de Bouillon par Comarebles et La Huguerie, laquelle estoit que le conseil et les colonnels ne voulaient aultre chef en toute l'armée que le baron d'Okhne.

Telle response fut trouvée estrange, tant d'elle mesmes qu'à cause des messagers, qui sont François; et la noblesse insista pour avoir le duc de Bouillon; ce qui feut à la fin accordé.

Le duc de Bouillon tomba en une grande maladie, qui dura trois mois.

Les vingt et ung et vingt deuxiesme aoust, l'armée entra en Lorraine, près Phalsbourg, où elle ne feit aulcung dommage, à cause de ceulx de la relligion qui y habitent; seulement ils feirent mettre quelques soldats au chasteau pour la seureté du passage; et trois jours apres, feurent remis comme auparavant.....

(Mémoires et Correspondance de Duplessis - Mornay, Paris, Treuttel et Würtz, 1824, T. IV. p. 82 et ss.)

X.

Extraits du « Missiuenbuoch der Statt Colmar, » anno 1587.

(Communiqués par M. X. Mossmann, archiviste de la ville de Colmar [1].)

23 juin 1587. — Lettre à Haguenau, où le maître et le conseil de Colmar mentionnent le fait que Clervant a demandé le passage à la régence d'Ensisheim pour des troupes françaises et suisses (p. 418).

26 juin. — Lettre à Sélestadt : d'après ce que des gens de Porrentruy ont rapporté la veille, l'évêque de Bâle aurait accordé le passage *dem von Clerua*, en donnant ordre à ses vassaux de le pourvoir de vivres; le bruit court que Clervant rallie les Français repoussés de leur pays, qui se sont dispersés dans les environs de Genève, de Montbéliard et ailleurs, et que les uns estiment au nombre de 20,000, d'autres de 15,000. Ils doivent prendre leur chemin par la Lorraine (p. 420).

---

[1] Da ich die Originaltexte doch nicht vor mir hatte, habe ich es vorgezogen die von Hrn. Mossmann freundlichst übermittelten Excerpte in seinem französischen Auszuge wieder zu geben.

29 juin. — Lettre à Sélestadt : on apprend de
source certaine que la régence a accordé le passage
à Clervant pour les troupes suisses et françaises en
question ; on s'entendra samedi prochain, à Habsheim, sur le chemin qu'elles auront à suivre ; il est
question dès maintenant de trois lieux de rassem-
blement (*musterplätz*) : Hochfelden, Geispitzen[1] et
Erstein ; le bruit court qu'il y a déjà des gens de
guerre sur les terres de Hanau, où ils se livreraient
à des déprédations (*ubel haushalten*) (p. 421).

5 juillet. — Lettre à Sélestadt : dans sa marche,
Clervant suivra la montagne, mais on ignore le jour ;
recommandation d'être sur ses gardes, car on parle
de 30,000 hommes de pied et de 2,000 chevaux
(p. 423).

6 juillet. — Lettre à Sélestadt : des troupes navarraises formées de Suisses et de Français, au
nombre de 20,000 hommes, ont obtenu le passage
de la régence d'Ensisheim ; le mardi précédent on
est tombé d'accord qu'elles feraient étape d'abord
dans le bailliage d'Altkirch, le second jour à Reiningen, le 3me à Soultzmatt, Orschwihr et les environs, le 4me à Sigolsheim, Bennwihr, Mittelwihr ;
elles ne comptent pas plus de 20,000 hommes et
200 chevaux, et dans leur marche les soldats seront

[1] Geispolsheim.

accompagnés de sept délégués de la régence et de leurs colonels, pour prévenir ou punir leurs excès (p. 426).

10 juillet. — Lettre au noble Philippe Truchsess de Rheinfelden : informée que les troupes navarraises doivent être vendredi (à Orschwihr), fortes de 20,000 hommes et de 1000 chevaux, la ville le prie de lui donner avis de l'arrivée des fourriers, et de lui faire savoir comment les soldats se comportent avec le pauvre monde (p. 428).

11 juillet. — Lettre à Strasbourg : les troupes navarraises, qui doivent monter à 20,000 hommes de pied et à 1000 chevaux, sous le commandement de Clervant, Malleroi et autres, ont leurs lieux d'étape fixés comme il suit : le 10, dans le bailliage d'Alt-kirch, le 11, autour de Reiningen, le 12, autour d'Orschwihr et de Soultzmatt, le 13, à Sigolsheim, Bennwihr et Mittelwihr ; le 14, elles franchiront le Landgraben et s'établiront à Châtenois et dans les environs ; il est à craindre qu'elles ne commettent bien des excès dans les possessions de l'évêque de Strasbourg, et l'on prétend que leur nombre augmente de jour en jour (p. 429).

15 juillet. — Lettre au noble Sébastien de Bulach : on apprend que les troupes navarraises sont arrivées le jour même à Soultzmatt, et que pendant la nuit ou le lendemain matin elles atteindront

Sigolsheim pour franchir le Landgraben le surlen-
demain. — P. S. A l'instant on reçoit la nouvelle
que les troupes feront pendant une couple de jours
séjour à Soultzmatt (p. 434).

17 juillet. — Lettre à Sélestadt : les troupes navarraises, suisses et françaises, sous les ordres de
Clervant, qui avaient passé deux jours à Soultzmatt,
se remettront en marche la nuit prochaine ; elles
passeront sous les murs de Colmar, et prendront
leurs quartiers, le lendemain 18, à Sigolsheim; de
là, elles partiront à minuit, et à Sélestadt on peut
s'attendre à les voir le 19 : d'accord avec les en-
voyés de Strasbourg, la ville en fait part à ses voi-
sins pour qu'ils puissent préparer le pain et les
vivres dont ces gens auront besoin (p. 437).

17 juillet. — Lettre à *Claudio Anthonio vn-*
serm gnedigen vnd gonstigen hern Vienne freyhern
zu Clerua : autorisation de se pourvoir de blé et de
pain en ville (p. 438).

12 juillet. — Lettre à (Sélestadt) : on avait ignoré
jusqu'ici le nom du commandant en chef (*velt*
Oberist) ; on apprend aujourd'hui que c'est le duc
Ott zu Lüneburg et qu'il a pour lieutenant le comte
von Barbe; le corps d'armée compte en outre beau-
coup de comtes et d'autres seigneurs, 2900 chevaux et quatre régiments d'infanterie (p. 439).

2̶7̶ juillet. — Lettre à Haguenau : les troupes suisses ont passé ou passent encore sous les murs de la ville ; *der von Chastellion* suivra dans cinq jours avec 4000 arquebusiers et 1000 fantassins; jusqu'à présent les soldats se sont assez bien comportés (p. 441).

8 août. — Lettre à Sélestadt : à la demande de la régence d'Ensisheim, Colmar, Kaysersberg, Münster et Türckheim sont tombés d'accord la veille, que si les troupes navarraises devaient rebrousser chemin et passer de nouveau par la haute Alsace, et que si la régence mettait ses forces sur pied pour les en empêcher, les quatre villes fourniraient pour leur part un contingent de 300 arquebusiers (p. 446).

28 août. — Lettre à la régence d'Ensisheim : d'après des nouvelles reçues la veille, les troupes navarraises seraient en Lorraine, mais sans marcher en avant, et certains de leurs partis parcourraient encore la basse Alsace : dans l'incertitude où l'on se trouve à leur égard, il serait bon de prendre ses précautions (p. 454).

29 août. — Lettre à Sélestadt : nouvelles du corps de Châtillon (*Chatilons, Chatelon*) : quoiqu'il soit peu probable qu'il prenne sa marche par le bas pays, il serait bon d'être sur ses gardes (p. 455).

XI.

1587.

Samstag den 10. Junii.

......Herr Isaak Wicker hält um die Erlaubniss
an für Herzog Johann Casimir schwefelringe giessen zu lassen. Es wird bewilligt. Meine Herren XIII
haben Ihre Fürstlichen Gnaden vier Carthaunen
verabfolgen lassen. Es wird von mehreren XV^{ern}
getadelt; soll durch verordnete Herren untersucht
werden......

Mittwoch den 27. Junii.

...... « Hans Kamm, metzger, mit beystand
Caspar Heymen bringt für dass die metzger von
wegen des Kriegsvolks ir vihe haben floehen und
alher treiben müssen, sey aber die aw von dem
fremden Kriegsvolk mitt ihrem vihe überschlagen,
dass ihr vihe mangel, und sie es nit underhalten
können, und wo es noch ein tag oder drey so

---

[1] Ueberall wo es auf den Wortlaut ankam habe ich den Text
der Protokolle selbst zwischen Anführungszeichen gegeben, sonst
aber den genauen Inhalt in verkürzter Form, wo möglich mit
den Worten des Textes.

währen solte, müsse es hunger leyden. Die awen
stehen voll wassers und wenn es schon verlauffe,
so sey die weyd verwüsst. Bitten inen zu gönnen
dass sie mit iren hemmeln und schaff auff die allmend fahren mügen, wo sie können zukommen und
weyde finden...... Daneben könne er Meinen Herren
nit verhalten, gedenck er sei's als ein burger ihnen
schuldig, es sei der schultheiss von Bischweyler
disen morgen auff inne gestossen, haben einander
zeittungen gefragt, der schultheiss ime gesagt dass
er heutt acht tag zu Menz gewessen, der bischoff
von Wormss auch da gewesen, hab er gehört dass
IIIC pferdt hinder Frieburg liegen..... Da hab er
gehört dass sie der stadt übel nachgehendt, gesagt
die herren von Strassburg fahen vihl handell an,
dass sie wol unruewig stünden, dem wellschen
Kriegsvolck haben sie zugeschickt, den bischoff von
Strassburg heimzusuchen, es möcht noch wol ein
anders daraus werden. Sie hetten wol mit ein IIIC
pferdten können streyffen und verhuetten dass die
Welschen bey 4 oder 5 meyl weges nicht hinzu-
komen weren, wan man inen aber einmal für die
nass rücke dass sie die thor müssen zumachen, da
sollen die Herren einander ein guthen morgen
sagen »...... Erkandt, man möge den Metzgern erlauben ihr Vieh auf die Allmend nach dem Neuhof
und der Ruprechtsäu zu, zu treiben.

Mittwoch, den 12 *Julii.*

......Es entspinnt sich eine lange Verhandlung
über die «von den landtleutten gefloehete frucht».
Es wird beschlossen die Ausfuhr derselben zu verbieten......

Samstag, den 15. *Julii.*

.......Es wird berichtet dass «drey Vass Kriegsrüstung» von Isaac Wicker aus der Stadt geführt
seien gegen die Wanzenau zu. Georg Nægele von
Nürnberg hat für mehrere tausend Gulden Kriegsrüstung hergebracht. Soll man ihm einen Theil des
Eingangzoll's auf dem Kaufhaus erlassen? Es wird
darauf bejahend geantwortet......

......Der Ammeister berichtet der «Isaac Wicker
gutschier mit drey weissen schymmeln vor einer
gutschen in der statt herumb, fahre alss wenn ihn
der teuffel jagte und füre Meiner Herren liberey,
ein weiss und rod feldzeichen, welches Meinen
Herren zu grossen verdruss und nachred mag gereichen, als wenn Meine Herren zu diesen Kriegs-
und landverderben hülffen. Item man soll sich
vernemmen lassen dass man noch im bisstum
brennen werde dass die engell im himmel die füss
sollen an sich ziehen»......

(Strassburger Stadtarchiv).

XII.

**Auszüge aus den Protokollen des Rathes der XXI
zu Strassburg [1].**

1587.

Mittwoch, den 14. Junii.

.....Herzog Johann Casimir empfiehlt den französischen Gesandten (Ségur?) der Freundschaft des Rathes und ersucht dass man ihm Wohnung in der Stadt anweise. «Erkandt : Man solle ihme dem gesandten alle Meiner Herren difficulteten, als dass es gegen der mess, dass alle rittmeister und hauptleutt in- und verreiten würden und dass man die burger auch in acht haben müsse...» (fol. 289).

.....Der Ammeister «zeigt an dass ihm vom Wirth zu St-Arbogast berichtet werde, dass einer draussen liege der Knechte annehme für den König

---

[1] Es sind die wichtigsten Punkte dieser Protokolle allerdings in der Einleitung benutzt worden. Jedoch mussten gar manche Notizen zurückgestellt werden, um nicht die Erzählung noch mehr in die Länge zu ziehen als bereits geschehen ist. Um sie nicht verloren gehen zu lassen und einem künftigen Arbeiter auf demselben Felde das mühsame Excerpiren der fast unleserlichen Protokolle zu ersparen, habe ich meine sämmtlichen Auszüge hier angehängt, wo Jedermann, der am Obigen genug hat, sie ungelesen lassen kann.

von Navarra. Erkandt, man soll ihn beschicken, hören wem er werbe und wo der Musterplatz sei...» (fol. 291).

Samstag den 17. Junii.

«.....Wird angezeigt dass auff der schiffsmatt und schiessrein allerlei liderlichs gesindlein, bettler, welsche huren und buben bey einander seyen... es seyen auch ettlich mal schütz gegen der statt zu geschehen.... Erkandt: Es sollen ein mann drey oder vier geordnet werden in der mess die die bettler abweysen......»

«...Die knecht an Metzger- und spittalthor beclagen sich dass vil welsche auss- und einwandern, zu pferd und zu fuss, und wenn sie gerechtfertigt werden, so zeigen sie an dass sie dem von Clervant zuständig, dass aber alle tag andre khomen so sey es nicht vermuttlich, reitten hinauss in Newhoff, Wickheusslin, Reinbruck, geben vor dass sie heuw zu machen, wurtzel zu graben..... Wird dabey angeregt dass vergangener tagen ettlich uff dem Zimmerhoff gewesen, die mit fingern auff den Zimmerhoff gedeuttet, welches nicht ohne sondre gevahr. Erkandt, man soll denen die albereit in Meiner Herren schutz und schirm seindt, auch die khünfftig drin genomen werden, ernstlich bevehlen sich der gräben vor den thoren zu besichtigen enthalten, sondern hinnen in der statt zu verpleiben, den knechten an den thoren zu bevehlen, wan einer oder mehr hinauss wöllen, sie gutlich abzuweysen, damit sie aber ihre pferd dannoch bereiten mögen, soll man ihnen uff dem schiessrein platz geben als an einem beschlossenen ort und inen ein Einspänniger zugeben werden der ihnen zeig wohin und wie weitt sie reitten mögen » (fol. 293).

....Es wird beschlossen dem Navarrischen Gesandten als einem königlichen Gesandten ein halbes Viertel Frucht und einen Salm zu verehren, weil zu bedenken « dass er alles in seiner hand, und zum freundt zu haben» (fol. 295).

Montag, den 19. *Junii.*

......Der Ammeister zeigt an dass Lienhart Seytz die Nachricht bringe dass man gestern in Pfalzburg auf 800 schützen erwartet habe; der Bischof soll ihnen zum Besten 800 Viertel frucht bewilligt haben (fol. 298).

......Die Gemeinden Rumolsweyler (Romansweiler) und Cossweiler bitten « um gotteswillen mit ettlicher frucht ihnen behilflich zu sein, wissen sonst keine hilff und müssen mit weib und kindt hungers verderben. Erkandt, weil die nott gross ihnen zu helffen » (fol. 301).

Mittwoch, den 21. *Junii.*

Der Stettmeister von Kageneck und Herr David
Geiger zeigen an dass der Schultheiss von Dorolz-
heim (Dorlisheim) hier sei und melde es seien etliche Knechte dahin gekommen. «Zeigt hiebey der
Ammeister an dass gestern etliche vil welschen mit
einander für Cronenburg kohmen und einer auss
der guarden zu ihme kohmen und angezeigt dass uff
600 personen auss Metz mit weib und kind gezogen,
die sich zu diesem werk werden brauchen lassen[1],
denen hab er bevohlen draussen zu pleiben, doch
erlaubt dass Ihrer zween auss- und eingehen
mögen......»

......Der Ammeister zeigt ferner an «dass ein
Navarrischer ansehnlicher mann begehrt mit etli-
chen frawenzimmern ime zu erlauben die Rhein-
bruck zu besichtigen......»

Es wird beschlossen Morgens um halb fünf Uhr
und Abends um halb neun Uhr die Thorglocke zu
läuten. Hundert Hackenschützen sollen in Sold genommen werden; das Fischerthor und Elsbether-
thor sollen gänzlich verschlossen bleiben. Das

---

[1] Was diese angebliche Auswanderung aus Metz bedeuten
solle, wenn sie nicht etwa mit der auch in Lothringen verfügten
Vertreibung der Protestanten irgendwie zusammenhängt, vermag
ich nicht zu sagen.

116

Zeughaus ist sorgfältig zu verwahren «sonderlich
uff die sontag wan die gantze burgerschafft uff ein
Zeitt in der Kirchen ist.» Es soll daher künftighin
in drei Kirchen, St-Wilhelm, St-Aurelien und Jung
St-Peter, am 8 Uhr, in den übrigen um 7 Uhr ge-
predigt werden. Bei Leibsstrafe ist es allen Teutschen und Welschen geboten in währender Amts-
predigt in den Häusern zu bleiben...... Herr von
Landy (?) bittet um Entschuldigung dass seine
Knechte, ihm ohnwissend, sich in Doroltzheim
(Dorlisheim) eingesetzt haben. Sollen an einen
andern Ort, gegen den Rhein zu, geführt werden....
Marlenheim bittet dringend um Getreide (fol. 307).

Samstag, den 24. Junii.

......Northeim bittet um Getreide. Es wird beschlossen wegen der Messe besondere Sicherheitsmassregeln zu treffen ; die Bürger welche das Feuer
zu verhüten haben, sind in zwei Rotten zu theilen.
Jedermann, auch die Doctores Juris, Theologiæ,
u. s. w., trotz ihres Nachsuchens, hat Wasser vor
seiner Thüre bereit zu halten...... Die Prediger
begehren Abschaffung der Gauckler, es sei ein
ärgerliches Fechten mit einer Weibsperson vorgekommen. Auch sollen die Spielleute in den Herber-
gen abgeschafft werden.

......Der Ammeister berichtet, Herr Isaac Wicker sei bei ihm gewesen, habe berichtet dass Bouillon mit einigen Pferden hereinkommen wolle. Herr Wicker selbst wird hereingeführt und meldet es seie ein Herr von Gemmingen von Bouillon an ihn abgefertigt worden, um vom Rath die Erlaubniss zu erbitten, auf ein Tag oder acht mit 18-20 Pferden bei einem hiesigen Bürger zu wohnen, da er nicht gerne in einer öffentlichen Herberge absteige. Es wird ihm bewilligt auf acht Tage mit 12-14 Personen einzuziehen (fol. 310).

Montag, den 26. Junii.

......Es hat ein Durchbruch des Rheins zwischen Kehl und Auenheim stattgefunden; die Strasse über den Fluss wird schwerlich, die Messe über, offen zu halten sein (fol. 316).

Man verliest ein Schreiben von Herrn Segurio des König's von Navarra Gesandten, darinnen er meldet er habe Bericht empfangen dass das Kriegsvolk bereits über die Steige herüber sei und bei St-Jean des Choux sich gelagert habe; Meiner Herren Unterthanen sollen aber verschont werden, «dass sie nit Ursach sollen haben zu clagen, begert Meine Herren wöllen iren amtleutten zusprechen die underthanen zu vertrösten, dass sie ire heusser nit verlassen und ire gütter nit wegflöhen» (fol. 317).

Dienstag, den 27. Junii.

......Jost Geyl, söldnerhauptmann, schreibt an
Herrn Matthys von Gottesheim «nach dem er zu
dem Kriegsvolck geschickt worden, zu erforschen
wie sie haushalten, sei er zu St-Johan bey Zabern
beym Oberst Gütrich (Guitry?) gewesen und ihne
befragt was sie für bevelch Meiner Herren underthanen halben, der alsobald angezaigt dass sie bevelch wo fern ihnen proviant verschafft werde des
Graven von Hanawe underthanen wie auch Meiner
Herren dörffer zu verschonen und nicht ein hun zu
verlegen. Das Stifft Neuweyler hab ihnen 3000 brot,
40 viertel habern und 2 fuder wein mitgetheilt,
darmit sie auch zufrieden, er wölle noch ein tag
oder drey nachziehen, zu sehen wie sie sich halten
wöllen» (fol. 319).

......Man beschliesst dass zum Schutz für die
Unterthanen Proviant gerüstet werde. Es wird von
Meinen Herren das Nachtlager auf 4000 zweipfün-
dige Brote, einhundert Viertel Hafer und zwei
Fuder Wein berechnet. Man kann immer später das
Geld den verschonten Unterthanen in Raten zu
bezahlen geben......

An Ségur soll die Bitte gerichtet werden, nicht
nur die Stadt, sondern das ganze Land zu schonen
«in erwegung die alhiesigen burger ihr mehest
einkhomen im bissthumb haben» (fol. 320).

Mittwoch, den 28. Junii.

...... Der Ammeister zeigt an dass in Lothringen
starke Werbungen für Guise gemacht würden, an
die 30,000 Mann, könnten von einem Tag zum andern im Elsass erscheinen um den Hereinzug zu
verhindern. Es wird beschlossen geschickte Kund-
schafter über die Grenze zu senden.... Isaac Wicker
bittet um die Erlaubniss sich dem Navarrischen
Zug anzuschliessen ; sie wird ihm gewährt.... Ségur
antwortet auf Meiner Herren Schreiben, verspricht
alle Unordnung zu strafen, er wolle lieber todt sein
als Solches mit anzusehen (fol. 322).

Samstag, den 1. Julii.

...... Guitry, « der Welschen obrist », bittet um
Proviant, und « da einer geplündert worden sein
soll, denselben hinauss zu ihme zu weissen,
die thäter bekannt zu machen, woll er justitiam
regieren lassen...... » Der Herzog von Bouillon
schreibt an Meine Herren aus Heidelberg, um ihnen
für die Erlaubniss, in Strassburg wohnen zu dürfen,
seinen Dank auszusprechen (fol. 328).

...... Die neuen Gesandten des Königs von Navarra, George d'Averly und M. de la Roche, lassen
ihren Gruss entbieten, melden dass das Kriegsvolk
Meiner Herren Unterthanen allerdings verschonen

werde, dieweil es aber grossen Mangel leide, so
sehen sie sich gedrungen um Hülfe anzusuchen,
bitten auch um Pulver und Schuhe; der königliche
Gesandte würde dafür bürgen. Es wird beschlossen
ihnen unentgeltlich Brod backen zu lassen, den An-
kauf von Schuhen zu gestatten, das Pulver aber
nicht zu verabfolgen (fol. 332).

Montag, den 3. Julii.

......Der Ammeister meldet die beiden Fürsten
von Bouillon seien gestern allhier angelangt. Die
Herren von Kageneck, Bock und Schütterlin werden
abgeordnet ihnen «eine fürstenschenk zu präsen-
tiren» (fol. 334).

......Es wird ferner berichtet das Navarrische
Kriegsvolk habe aus Mangel an Wagen den berei-
teten Proviant gar nicht abholen können. Man hat
dann mit fremden Fuhrleuten gehandelt, die haben
aber hier bereits 13 Gulden verzehrt, und fordern
nun für jedes Pferd 1/2 Gulden Lohn. Erkandt:
mit allen Mitteln fortzuführen (fol. 336).

Mittwoch, den 5. Julii.

......Herzog Johann Casimir bittet um eine An-
leihe von 10,000 Gulden; sie wird bewilligt. Hagenau, Hanau und die Ritterschaft lassen wissen dass

ihnen nicht zuwider dass über Mittel und Wege, das
Volk und Land zu schonen, tractirt werde. Es wird
beschlossen die Stände also gegen Mittwoch oder
Donnerstag zu verschreiben (fol. 337).

« Herzog Johans Casimir schreibt vnd errinnert
Meinen Herren was er ihnen hinvor des Herzogs
von Bouillons halben zugeschrieben, vermelt das
derselbe seither bey Ihme ankhomen, und sich
nicht allein erclert keinen stand des Reichs mit
seinem Kriegsvolck zu beschweren, sondern allein
sich zu dem anziehenden theutschen Kriegsvolck
zu schlagen. In massen dan er von des Churfürst-
lichen Rheinischen Kreys Caution von Ihme erfordert, die er auch in scriptis geleistet, derentwegen
man sich nichts feindlichs zu bevharen, da nun
Meiner Herren gebiet angetroffen würde, werden
Meine Herren sie wissen fortzuweissen. Erkandt:
Pleibt darbey » (fol. 341 a).

« Landgraff Wilhelm zu Hessen schreibt an Meine
Herren, Nachdem sich die Lauff allenthalben ganz
gevehrlich und geschwind anlassen, das die notturfft
erfordert gute Correspondenz zu halten, so begeret er Meine Herren wöllen mit seiner liebden
vertrawlichkeit halten, dessgleichen wolle sie auch
thun, sonderlich aber begeret er bericht, wie es
mit dem Navarrischen Kriegsvolck so zu Ross und
fuess alberait im Anzugk sein soll ein Gelegenheit,

und die brieff allein nach Heidelberg oder Darmstat
zu fertigen. Erkandt: Sich des anerbietens danken
und dass der Herzog von Bouillon in diesem Land
sey mit seinem kriegsvolck, berichten....»

« Die Geheimen der Statt Basel berichten Meinen
Herren, wiewol sie bisher mit dem Navarrischen
zug in Zweivel gestanden, so seyen sie doch jetz-
und gewiss das die Eidgenossen durch das Bistumb
Basel uber den oesterreichischen boden dem Bistumb
Strassburg zuziehen, welches sie Meinen Herren
vermelden wöllen, was sich weiter zutragt wöllen
sie Meinen Herren auch berichten. Erkandt: Ihnen
dankhen, was man hat mitschicken, den verordneten Herren das schryben zustellen, es den Stend
so jetzo zusammen khommen zu communiciren »
(fol. 341 b).

Donnerstag, den 6. Julii.

« Zeitungen aus Seltz gelesen, das die Reutter
umb Lautterburg ankhommen sollen» (fol. 343).

.....« Der Herzog von Bouillon schreibt aus Mummenheim, das er seines Kriegsvolcks halben keiner-
ley clag vernehme, bitt jemanden der Französisch
kan, hinaus zu schicken, der ihr haushaltung be-
sehe und Meinen Herren wieder berichte. Erkandt:
Dieweil es spät, soll man's dabey bleiben lassen»
(fol. 344).

Montag, *den* 10. *Julii*.

...... Es wird die Zerstörung Willgottheims ge-
meldet « so in brandt gesteckt.» .... Viel Markedenter kaufen das den armen Leuten gestohlene
Gut. So hat der Ammeister gestern zwei Fass voll
confisciren lasen, die man im Stall zur Blumen auss-
gepackt.... Kageneck, Schenkbecher und der Statt-
schreiber referiren über den Ständetag in Hochfelden; es ist vorgeschlagen worden, dass die Stadt
den vierten Theil des Proviants bezahle. Dr. Velten[1]
hat eine andre Rechnung vorgeschlagen; von den
ersten 4000 Vierteln soll Strassburg 1200 geben.
Man soll an den Herzog schicken, mit der Bitte,
dass die Truppen sich fortbefördern. Es wird dann
ferner berichtet, dass man den Landtag von Hochfelden hieher verlegen wolle (fol. 348 *a*).

...... « Als man nun von einander gehn wöllen,
sei des Hertzogen von Bouillon gesandten mit Cre-
dentz ankhommen, mit vermelden das sie allerhand
clagen fürzubringen, die seind gehört, die haben
fürgebracht, wiewol sie alss sie über das gebürg khomen sich durch ein Trommeter gegen Zabern alss freund ercleret, so seyen Ihnen doch hin

---

[1] Eine mir unbekannte Persönlichkeit; vielleicht ein bischöf-
licher Rath aus Zabern ?

und wider 6 erschossen, 12 geschedigt und 15 gar
verlohren, welches zur raach wohl möchte ursach
geben. So sey seither der von Valese von einem
fürnehmen geschlecht erschossen, dessgleichen
eins fürnehmens Capitains bruder zu Kleinfran-
ckenheim auch erschossen, da man zu bedenkhen
dass derselb 300 knecht under Ihme, ob er nicht
billige ursachen sich zu rächen, begeren daruff
Justitiam ergehn zu lassen, mit dem erbiethen, wo
sie mit Proviand versehen werden, das der Hertzog
in der Person für allen schaden gutt sein wölle,
doch das denen vom Adel ein mehreres dan Wein
und brot gegeben werde; sie haben auch ein Ordnung gemacht, dass uff solchen fall das volck sich
in den Quartieren halt, begeren mit den bauren zu
handeln dass sie sich wider in die dörffer thun und
ihr feldarbeit verrichten. Daruff ihnen das angezeigt was durch schickung hette geschehen sollen,
und das man darumb beysammen davon zu tractieren wie sie zu unterhalten. Das sey alsso die
gantz verrichtung. Hierauff haben sie sich alssbald
underredt was nun weiter zu thun und dahin ge-
schlossen, das der beste weg beym vierten theil
zu bleiben, ehe mans aber sollt lassen zerschlagen,
ehe sollt man bey der Stend ausstheilung verbleiben,
nach zwey oder drey Oertern trachten, da man die
Proviant hin liffert, zween Proviandmeister ordnen

alles zu empfahen und den Stend zu verrechnen,
wan es auch also angeordnet, solte man uff etwan
20 Pferd bedacht sein, denen leute zuzuordnen die
das handtwerck können, und das aussstreiffend
gesindel gleich uffknüpffen. Erkandt: Der Herren
Bedenkhen gefolgt, und sollen die Herren wider
zusamen sitzen, ferner bedenkhen wass uff morgen
zu handeln, aber alssbald uff abschlag Meiner
Herren antheils weidellich tausend Brod bachen,
es under das theutsch und welsch volck aussthei-
len, auch wein und habern werden lassen. So soll
man alle hauptleutt beschreyben, begeren die sach
dahin zu richten, dass die Bauren ihre arbeit ohn-
beschwert verrichten mögen, bedenkhen ob nicht
den stiften zu inventieren was sie für früchten oder
wein uffzulegen, diess uncosten wider zu erstatten.
So soll man mit Trommeten publizieren und bey
leibsstraff verbieten dass niemand keine der ge-
plünderten wahren kauff. Hrn. Fuchs, Hrn. Mösin-
ger, den bachherrn ist Hr. Herman zugeordnet»
(fol. 348 *b*, 349).

«.....Der Stattschreyber zeigt an das Hr. Hans
Jacob Marx ihme clag, wiewol der Hertzog von
Bouillon und der Navarrisch gesandt Meiner Herren und der Ihren dörffer gefreyt, so khomen sie
doch und fallen Rotten weyss in die dörffer und
holen Proviand wie zu Schnerschheim auch ge-

schehen, und geben auch nicht fiel uff ihre bevelcha-
ber acht, uff Meiner Herren diener, halte er für ein
notturfft das etliche diener hinaus geschickt werden, und an die Ort reitten da es je am nöttigsten
sein würde und sie abweysen.

Erkandt. Ein Diener hinausschicken, soll der
von Bouillon ihme einen oder zween zugeben.
Hr. Stattschryber Costen gelosen » (fol. 350 *b*).

.....Herzog Hans Georg, Pfalzgraf, ist. gestern
hier vorbeigezogen, nebst seiner Gemahlin, mit
einer Bedeckung von 20 Schützen ; dieselben hat
er, bis zu seiner Rückkehr aus Durlach, in Illkirch
liegen lassen (fol. 352).

«.....Der Stattschreyber zeigt an das er bei dem
Herzogen von Bouillon und Segurio gewesen, die
haben sich ob der brunst zu Wittenheim[1] beschwert
mit vermelden dass sie achten das ihre feind solches gethan, den es seyen die fürnembsten capitain
drinnen gelegen, denen sey ihre sattel und andere
rüstung verbronnen dass sie kaum die Pferd haben
können davon bringen, sie haben aber zween gefangen, von denen würd man allerhand zu vernehmen
haben » (fol. 352 *b*).

---

[1] Es ist wohl von der Einäscherung von Wittolsheim die
Rede.

Mittwoch, den 12. *Julii.*

.....Der Ammeister berichtet der ehrenvest Peter
Scheer (Schær, Scherr) sei hier, um im Auftrag
des Grafen Ernst von Solms, Kreishauptmann des
Oberrheinischen Kreises, das Navarrische Kriegsvolk aus dem Lande zu schaffen. Er wird zum
Herzog abreisen und bittet um Briefe an denselben;
bewilligt (fol. 353).

« Würdt ein schreyben von dem Herzog von
Bouillon an den Hrn. Ammeister Weicker gethan
verlesen, darinn er bitt von meinen Herren zu vernehmen, ob sie leiden möchten dass er und sein
bruder mit ihren frauen und guarde sich gehn
Marlen thäten, wolten sie vleissige versehung thun
das sonsten die underthanen verschont werden.
Bericht der Hr. Ammeister das er den Schultheis-
sen herein erfordern lassen, ihne gehört, der gehab
sich jämmerlich ubel, sagt wen es geschehe so
werden der mehrertheil burger entlauffen, dan sie
so arm das sie es nicht erschwingen mögen. In der
umbfrag geschehen allerhand clagen, einer will
wir haben uns das spiel selbst gemacht, damit dass
wir die Welschen eingenohmen, der ander vermeint
die Herren im Bruderhoff habens zuwegen gebracht, sich ein Bischoff zu machen. Erkandt : Man

soll dem fürsten sein begeren freundlich ableinen[1]ᵦ
(fol. 353 *b*.).

.....Friedrich Bock und Hans Christoph von Rus
erscheinen im Namen der unterelsässischen Ritterschaft, um anzukündigen dass sie den auf sie ge-
fallenen Antheil von 200 Viertel Frucht gern be-
willigen, da sie aber weit auseinander wohnen, und
es ihnen daher schwer sein würde den Vorrath zu
beschaffen, so bitten sie Meine Herren ihnen denselben gegen Bezahlung abzutreten (fol. 354).

Donnerstag, den 13. *Julii.*

Die verordneten Herren referiren über den so
eben hier abgehaltenen Ständetag. Der tägliche
Verbrauch an Frucht ist auf 480 Viertel geschätzt
worden, welche folgendermassen vertheilt worden
sind :

Meine Herren	120 Viertel
Der Bischof	120 »
Die Prälaten	120 »
Die übrigen Stände	120 »

Man hat zu den deutschen Obristen geschickt,
um zu erfahren wie stark ihr Volk sei ; es liegen
zu Weyersheim 6 fähnlein, in der Wanzenau
3 fähnlein, in Dambach und Killstett je 2 fähnlein

---

[1] Nichts desto weniger verlegte Bouillon doch kurz darauf sein
Hauptquartier nach Marlenheim.

in Reichstett und Griesheim je 1 fähnlein. Die in
Hochfelden beschlossene « streiffende rott » soll sich
zu Brumath vereinigen. Meine Herren geben 6
pferde, der Bischof 6, die Landvogtei Hagenau 4,
der Graf von Hanau 4, die vier Städte 2, die Ritterschaft 4, u. s. w.

.....Für die herannahenden Schweizer muss ein
Vorrath von 4000 Viertel Frucht constituirt werden, davon fallen auf Meine Herren 1000, auf den
Bischof 600, die Landvogtei 300, Fleckenstein 150,
Leiningen 50, Westerburg 50, die Prälaten 950,
die vier Städte 250, den Ritterstand 200, die Mark
Maursmünster 100, das Weilerthal 100. Es sollen
vier Proviandtner gewählt werden, zwei für die
Deutschen, zwei für die Schweizer, die ersten sollen die Grafen, Städte und Ritterschaft, die zweiten
der Bischof und meine Herren ernennen. Auch
täglich 40 Ochsen muss man für die Schweizer
rechnen.... Am künftigen Samstag soll zu Schlettstadt ein neuer Tag gehalten werden. Peter Scheer
ist zu den Reitern geschickt worden, Herr Bernhard
von Kageneck zu den Schweizern (fol. 356).

Freitag, den 14. *Julii.*

.....Der Ammeister zeigt an « dass die Welschen
so hier seindt, sich werden hinauff begeben müs-

sen, dann der feind ihnen an die Haut wöll, dass
die Bouillonischen heut die gantz nacht in der rüstung gehalten und dass sie allerhandt hereinflehen,
seind wol ein halber schilling kärch und wegen
herein gangen [1].»

.....Der Herzog von Bouillon schreibt aus Marlenheim « dass er advis bekhomen dass der Bischof
sich zu denen von der Liga begeben, sie herüber
uff die ebene zu leyten.» Er hofft morgen von dannen zu verrucken, wird viel Verwundete [2] und
Kranke hinterlassen, bittet Meine Herren sie in
ihren Spital aufzunehmen. P. S. Er vernehme dass
allbereits etliche von der Liga in Mutzig und Molsheim angelangt seien (fol. 360).

.....Auf sein Begehren hin wird der Amtmann
von Wasselnheim autorisirt einige Knechte zu werben..... Von wegen allerlei Hauptleuten des deutschen Fussvolkes, erscheinen Georg Weber von
Erfurt, Lorenz Rabi, Georg Leuckhardt von Eger ;
sie berichten dass viele Knechte fortlaufen und
bitten Meine Herren an die Rheinbrücke und die
zu Graffenstaden Wachen zu stellen um die Knechte
die fort wollen aufzuhalten und zu vermanen der

---

[1] Ich muss es einem Gelehrteren überlassen festzusetzen wie
viel Wagen « einen halben schilling » ausmachen.

[2] Woher er diese Verwundete hatte, ist ziemlich schwer zu
sagen.

Musterung zu erwarten. Ausserdem begehren sie
neuen Proviant, auf jeden Mann des Tags einen
halben Laib Brot. Sie seien 4000 Landsknechte und
1300 Schantzgräber, und wollten es später gern
bezahlen (fol. 362).

.....Meine Herren geben den Stadthauptleuten
die Ermächtigung auf die in der Umgegend der
Robertsau das Vieh raubenden Knechte zu schiessen (fol. 363).

Samstag, den 15. Julii.

.....Jacob Kips, der Amtmann auf Herrenstein
meldet der Probst von Neuweiler habe ihm angezeigt dass Guise und der König von Frankreich
bald im Lande sein werden; zu ihnen soll sich auch
Parma schlagen. Nach Mutzig sind bloss einige
Wollkämmer (Freibeuter?) gekommen « die in
Kirchheim zwey Seitten Speck erobert » (fol.
363 *b*).

.....Der Ammeister berichtet dass die Truppen
welche Bouillon bei Marlenheim zusammengezogen
hatte, sich wieder nach Dalheim, Ergersheim und
• Wolxheim begeben (fol. 364).

......Bouillon meldet Meinen Herren dass er
« dess Herrn von Thona, Veldtmarschalks, gewärtig
sey. » Erklärt auch, dass er sich alle Mühe gebe

die Ordnung aufrecht zu erhalten, könne aber nicht
Alles verhindern; «mög es wol leiden, dass die
schuldigen getroffen werden» (fol. 366).

Montay, den 17. Julii.

......In Batzendorf sind 2000 Reiter eingetroffen,
am andern Tag sollen es 6000 sein. Das Cronen-
burgerthor und das Metzgerthor sollen wohl ver-
wahrt werden, Dohna schreibt selbst an Meine
Herren kein « gemeines gesindlin » hereinzulassen.
. . .Einige Herren vom Rath beklagen sich, dass
Isaac Wicker's Kutscher sich erlaube «Meiner
Herren Liverey» zu tragen. Soll verboten werden.
Guitry hält mit einer Kutsche und acht Pferden vor
den Thoren; soll hereingelassen werden. Es wird
beschlossen an Bouillon zu schreiben und « ihn
ansprechen den armen leutten nit so lang über dem
halss zu liegen» (fol. 368).
......Clervant schreibt aus Sulzmatt, verspricht
Meiner Herren Besitzungen zu schonen, als Antwort auf einen Brief den ihm die Amtleute von
Horburg und Reichenweyer übergeben. Am Samstag
ist er in Orschwihr, Sulzmatt und Gundolsheim gewesen.
Der pfalzgräfliche Rath Hieronymus von Witzendorf meldet sich als neuer Navarrischer Commissa-

rius, an Meine Herren zu fernerem Proviant
abgeordnet ..... Statthalter und Rath zu Zabern
referiren über die Sendung ihres Abgeordneten,
N. Balduinus, an Dohna, den er leider nicht getroffen (fol. 370).

Dienstag, den 18. Julii.

...... Dohna schreibt an Meine Herren, das Navarrische Kriegsvolk « werde sich in wenig tagen
in diesem land versamlen.» Er wird heute nach
Strassburg kommen. Herr Stettmeister von Kettenheim und Herr Nicolaus Fuchs werden abgeordnet
ihn zu begrüssen und zu fragen wenn er fortziehen
werde (fol. 372).

...... In Wangen haben Knechte die Ochsen
und Hämmel geraubt, auch zwei Schüsse auf die
Bürger gethan. Durch Ernst von Solms wird ein
kaiserliches Schreiben eingesandt, das feindliche
Kriegsvolk abzuschaffen (fol. 374).

Mittwoch, den 19, Julii.

Brunst zu Klein-Dossenheim. Peter Scher schreibt
aus Stechfelden (Stephansfeld), er sei gestern bei
Dohna zu Hohenatzenheim gewesen, ihn gebeten
des armen Mannes zu schonen; dieser hat ihm gesagt, wie die Rittmeister sich beschwerten, dass
alle Leute geflohen seien, es sei nirgends « keine

essensspeise mehr zu haben, zeigt sich auch hefftig
verwundert, dass das landt schon also verwüsst.»
In vierzehn Tagen verspricht er abzuziehen
(fol. 377).

Donnerstag, den 20. *Julii.*

Der Ammeister berichtet, es lägen Reiter vor den
Thoren, am Hochgericht, welche die Leute anhalten.
Herrn Sturm's Haus zu Northeim ist trotz Dohna's
Salvaguardia geplündert worden .... Herr von Kageneck stattet Bericht ab über seine Sendung an
Clervant; derselbe habe ihm gesagt « er hab
16,000-17,000 Mäuler zu speyssen. »
...... Dem Herrn von Kettenheim hat Dohna
gesagt, « es geh übel zu, wann die Reutter selbst
schneiden und treschen müssen, dass man auch
nicht könne ungessen seyn» (fol. 383).

Freitag, *den* 21. *Julii.*

Brunst zu Stützenheim, — Das Navarrische
Kriegsvolk schneidet die Frucht ab, die Reiter verkaufen den Bäckern das gestohlene Getreide ....
Bouillon schreibt Meinen Herrn, die Reiter hätten
sein Volk aus zwei Dörfern vertrieben und gegen
seinen Befehl Kirchheim angefallen .... Die Lands-
knechtsweiber melken in der Krautenau den geflohenen Bauern heimlich die Kühe (fol. 386).

Samstag, den 22. Julii.

Es sind 40 Reiter und 100 Schützer zu Dorlis-
heim eingebrochen, haben 600 Schaafe geraubt,
die Weiber übel geschlagen, kein Mensch sei im
Dorf geblieben, sondern Alles gen Rosheim geflohen.
Es werden 100 Mann zu Nachtwachen auf vier
Zunftstuben verordnet.

...... Der Amtmann von Barr meldet, es werde
um Epfig und Barr gebrannt (fol. 393).

Der Amtmann von Herrenstein meldet, der Oberst
zu Steinburg habe Angst, dass er vom deutschen
Kriegsvolk, das rings um ihn herum bei Dettweiler
liegt, überfallen werde.

Montag, den 24. Julii.

...... Der Carthausermüller ist heute früh durch
Reiter aus Stützenheim und Pfettersheim ausge-
plündert worden. Es wird den hiesigen Bürgern,
besonders dem Markedenter Samuel Engelmann,
verboten, sich mit gestohlener Frucht bezahlen zu
lassen.

...... Das Namensverzeichniss der Mordbrenner
von Weyersheim wird verlesen; Herr Hieronymus
von Witzendorf ladet Meine Herren ein Jemanden
in die Wanzenau zu ihrem Verhör abzuordnen, da
sie gestanden, sie hätten auch Befehl gehabt hier

das Spital anzuzünden. Der Aufseher auf Gutleuten,
die in der Ruprechtsau, die Müller um die Stadt
begehren Sicherheitsposten.

Dienstag, den 25. Julii.

Herzog Johann Casimir schickt einen neuen Gesandten, Adam Hans zu Putlitz, an Meine Herren,
schreibt, auch bei ihm habe das Kriegsvolk nichts
respectirt, Kisten und Kasten zerschlagen, Keller
aufgebrochen, selbst die Zollbüchsen beraubt,
u. s. w. — Brunst zu Kertzheim.

Mittwoch, den 26. Julii.

...... Dohna schreibt Meinen Herren, dass Morgen seine Artillerie ankomme und bittet um 1000
Brode und ein Fuder Wein.... Der Rath beschliesst
alles Spielen, Trinken und Schiessen auf dem
Schiessrain abzuschaffen.

Samstag, den 29. Julii.

...... Illkirch und Graffenstaden bitten um
Schutzmanschaft.

Gestern um 8 Uhr ist Dettweiler geplündert
worden. Es sollen einige Schützen dorthin gelegt
werden.

...... Der Amtmann von Herrenstein meldet die
Welschen (Lothringer) zeigen sich im Thal von

Urbeis, hauen die Bäume um, werden bald in's
Land fallen.... Es ist Zeitung gekommen, dass
Châtillon noch in 14 Tagen nicht kommen könne.

Montag, den 31. Julii.

Man hat vom Münster aus diese Nacht Brände
gesehen gegen Zabern, Lichtenau und gegen Reichstett.... Die Schützen die man nach Dettweiler geschickt, sind von den Knechten geplündert und
ihrer Pferde beraubt worden. Maleroy liegt mit 18
Fähnlein Schweizern in der Herrschaft Barr....
In Schiltigheim treiben die Welschen Schaafe weg.

Dienstag, den 1. Augusti.

Adam Hans von Putlitz meldet Meinen Herren,
dass er zu Dohna verreite, seinen Aufbruch zu be-
fördern. Er bittet im Namen seines Herren um ein
neues Darlehen von 20,000 Gulden. Es wird bewilligt.

Mittwoch, den 2. Augusti.

Brunst zu Sessolsheim im Kochersberg.

Samstag, den 5. Augusti.

Diese Nacht hat die Wache am Thor ein grosses
Geschrei von der Stadt gehört, und wie ein zwanzig
Schüsse gegen Lingolsheim und der Carthause zu,
losgebrannt worden seien.

Montag, den 7. Augusti.

...... Der Amtmann zu Barr berichtet, um Barr herum gehe es gar schlecht, da der «Malroy gar ein böser Vogel sey.»

Dienstag, den 8. Augusti.

Geudertheim ist geplündert worden. — Hœhnheim und Bischheim sind durch 400 Pferde überfallen und ausgeraubt worden.

Mittwoch, den 9. Augusti.

Die Obersten von Basel und Zürich ersuchen Meine Herren um ein Anleihen. Bouillon sucht ebenfalls um eine grössere Summe als Reisegeld an, erbietet sich, seine Kleinodien als Pfand hier zu lassen. Es wird nochmals den Markedentern auf's Strengste verboten sich mit gestohlener Frucht bezahlen zu lassen.

Samstag, den 12. Augusti.

Herr Adam zu Putlitz bittet Meine Herren um Ueberlassung von 800 Hacken und 700 langen Spiessen die noch zur Ausrüstung der Knechte fehlen. «Erkandt: Hacken und Spiess uff dem Zeughoff, so untauglich, verkauffen.»

...... Der Navarrische Gesandte (Ségur) valedicirt brieflich Meinen Herren.

Montag, den 14. *Augusti.*

...... Der Rath erlaubt der Frau von Clervant
noch einen Monat zu Strassburg sich aufzuhalten ...

Samstag, den 19. *Augusti.*

Der Amtmann zu Herrenstein meldet, das letzte
navarrische Kriegsvolk sei über die Berge.

Montag, den 21. *Augusti.*

Es wird beschlossen eine genaue Aufzählung des
erlittenen Schadens anzustellen, Schon jetzt werden
im Rath einige Zahlen erwähnt. Im Namen des
Bischofs sind 120 Viertel geliehen worden; den
Pflegereien sind abgeliehen worden: 589 Viertel und
5 Sester. Dagegen aus verkauftem Brod gelöst
worden: 33 Pfund, 1 Schilling, 6 Pfennige. Für
Fleisch, Fische an die Obersten ist ausgegeben worden: 36 Pfund, 14 Schilling, 4 Pfennige; dazu
7 Fuder, 13 Ohmen und 20 Maass Wein. Dem
städtischen Speicher sind zu demselben Zwecke
256 Viertel Hafer entnommen worden.

...... « Uff den fünfften Puncten ist das liedlein
so Herrn Matthis Weicker übergeben worden,
gelesen. ....Erkandt : Herren sollen aus allen Stuben geordnet werden mit den Rechtsgelehrten zu
bedencken wass in diesen und dergleichen sachen
zu thun, dieses gedichten lidleins und andrer reden
halb. »

Freitag, den 25. Augusti.

Welsche Reiter sind vom Gebirg her wieder in das Elsass eingefallen und haben fünf Bürger von Northeim gefangen mit sich geführt.

Montag, den 28. Augusti.

..... « Ist aber ein schönes liedlein so des durchzug halben Meinen Herren zu ehren gemacht, gelesen, welches Herr Weicker zur Hand bekhomen, der erbüttig den Herren die dass ander lied bedencken sollen, denjenigen von dem er's hatt, namhafft zu machen. In der umbfrag werden underschiedliche fäll angezeigt wie Meine Herren desswegen injuriirt und beschuldigt werden, son-, derlich dass ein burger aussdrücklich gesagt Meine Herrn haben diese geste in's land geladen. Erkandt: Man soll nicht allein diese liedlin, sondern das gantze werck, sonderlich wass gegen denen von Vegerssheim die Meine Herren schelmen gescholten, wie J. Bœcklin anzeigt, furzunehmen: »

Montag, den 23. Septembris.

..... « Herren Kettenheim, Fuchs, J. Prechter, Rihell, Theurer und der Herr Stattschreyber referiren dass sie uff empfangenen befehl beisammengewesen, der schandtliedlein halben, deren gestern

das dritt an der münsterthüren und der cantzley
angeschlagen befunden, welche alle wieder gelesen
und findt sich dass das dritt, so gestern angeschlagen gewesen, ein defension und antwortt uff
die vorigen beeden sein soll, vermelden dass sie die
drey advocatten bey sich gehabt..... Erkandt :
Dieweil wohl höhere, auch die Kayserliche Mayestät
selbs dergleichen leiden müssen, soll man's einstellen, könne man den authoren aber bestimmen,
die Meinen Herren übels nachreden, möge man
vermöge der Rechte wider dieselben verfahren. »

(Strassburger Stadtarchiv.)

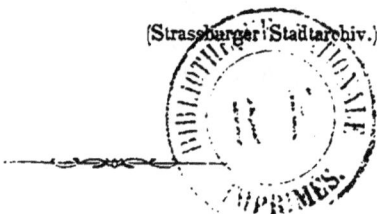

Verzeichniss der Personennamen.

A

Angennes, François d'. 56.
Anjou, Herzog Franz von. 1.
Arson, d'. 56.
Averly, George d'. 23. 52. 87.
119.

B

Bachmann. 18. 55.
Balduinus, N. 133.
Barbe, Graf von. 38. 107.
Beauchamp, de. 31. 102.
Beaujeau, de. 56.
Bemelberg, Burckart von. 39.
Berbisdorff, Joh. Georg von.
38. 40.
Béthune, de. 56.
Bettancourt, George de. 56.
Beuterich, Peter. 25.
Bock, Fried. 128.
Bock, Joh. von. 34.
Bock, N. 17. 120.
Bœcklin, J. 59. 140.
Bollweiler, Nicolaus von. 21.
Bouillon, Robert, Herzog von.
12. 14. 16. 17. 21. 27. 29.
30. 31. 32. 38. 50. 51. 54.
55. 56. 89. 91. 97. 99. 101.
102. 103. 117. 119. 120.
121. 122. 123. 125. 126.
127. 129. 131. 132. 134.
138.

Buch, Johann von. 38. 40. 91.
Buchholtz, Andreas. 38.
Bulach, Sebastian von. 106.

C

Carl, Herzog von Lothringen.
12. 14. 15. 33. 55. 94.
Catharina von Medici. 3.
Chatillon, Gaspard, comte de. 6.
10. 12. 13. 33. 101. 108.
Chaumont-Guitry, Jacques de.
5. 49. 54. 56. 118. 119. 132.
137.
Chevrolles, de. 56.
Clerova. (Siehe de Vienne).
Clervant. (Siehe de Vienne).
Cœrber, Heinrich. 7.
Colbert. 5.
Coligny, Amiral de. 6.
Condé, Ludwig, Prinz von. 55.
Condé, Heinrich, Prinz von. 6.
Conitz, Hans von. 38.
Cormont, de. 56.
Cormont de Villeneuve. 56.
Costwitz, Caspar. 38.
Cugy, de. 41.
Culmann. 49.

D

Decker, N. 39.
Dillmann, Bernhard. 44. 90. 95.
99.

Verzeichniss der Ortsnamen.

Inhaltsverzeichniss.